終極和戰

兩岸戰爭與和平，統獨最短的距離

黃征輝——著

〔自序〕

我們與戰爭的距離

二〇二二年八月，美國眾議院議長裴洛西訪台，之後接連三天中共環台軍演。臺灣除了加強戰備的國軍劍拔弩張，全台一片祥和之氣，街頭嗅不出一絲戰爭的氣息，大部分國人仍相信中共不會攻台。儘管如此，透過此次軍演，清楚地呈現了以下事實：

環台演習兵力之大，操演區域與臺灣距離之近，前所未有。

無論是戰術作為或軍事實力，國軍缺乏有效的反制方法。

兩岸軍力的差距，以往只是存在於腦海中的「數字」，如今中共透過實際行動證明在世人眼前。

臺北不可以踩踏台獨紅線，否則北京有充分的實力與多樣式手段，遂行「言必行，行必果」的制裁。

第一島鏈以內中共掌有相對軍事優勢，一旦北京採取武統，美軍只會，也只能置身事外。

「戰爭」與「和平」猶如天平的兩端，中間有一個法碼。法碼推過極限，天平不是倒向和平就是墜入戰爭。我們雖不知兩岸何時會爆發戰爭，但馬英九時期，法碼穩定地向和平挪移；蔡英文執政，法碼逐步逼近戰爭。再從政府近兩年向美國軍購超過六千億臺幣，且計劃延長兵役這兩個徵候來看，戰爭與臺灣的距離可能遠比國人想像得近。

我深深為此憂慮，因而動手撰寫《終極和戰》。

本書第一章「強弱」、第二章「和戰」是理論，若對軍事沒有興趣，可以直接跳過不看。

第三章「中國」是從北京的角度看統一的必要性。

第四章「臺灣」，換成臺灣人的背景探討大中國思想。

第五章「美國」，因為它是兩岸關係中不可或缺的第三者。

第六章「戰法」則是參考前總長李喜明的「整體防衛構想」，提出我心中理想的臺灣防衛戰法。

第七章「兩岸」是期望達成的目標：兩岸都能拋棄舊有思想包袱，同時向後退一大步，將「和平」列為處理統獨的唯一選項。

想要大立必先大破，唯有大開才能大闔。處於中國歷史前所未有的困局之中，北京與台北的領導人必須以「非常的手段」應對此「非常的狀況」；而不管此「非常」是何等驚世駭俗，它絕不能是「中國人殺中國人」的戰爭！

目錄

第二章　和戰

第三章　中國

第四章　臺灣

第五章　美國

第六章 戰法

第七章　兩岸

第一章

強弱

生活中永遠有兩種人——強者和弱者。如果你認為自己是一隻老鼠，那麼最後的結果只有一個。那就是成為貓的食物。

——拿破崙

當人生面對威脅，「強、弱」是我們必須修習的一門重要課程。這中間包含了可能避免衝突嗎？強者思維是什麼？弱者考慮的又是什麼？以及最根本的關鍵：敵我相對，我們誰是強者，誰是弱者？

一、認識威脅

當人們受到外在的壓力，擔心名譽、身體，或是資產將要遭受損害的感覺就是威脅。生活中的威脅無處不在，舉凡氣候、環境、食物、飲水、天災、人禍、戰爭……，以及人與人之間的相處。特別在現今勢利現實、人心難測的社會，縱然一意退讓、無心樹敵，乃難免有人把你當成競爭對手。也因此，不管有心或無心、認命或反抗，威脅都是日常生活中不可或缺的一塊。想要日子過得平順安全，首先就要從面對威脅、化解威脅開始。

其實，我們這一生都在追逐一個「威脅較低」的生活環境。如果碰到威脅，有的人選擇退縮、逃避、換一個環境……，總之要尋找一個比較可以「忍受」的地方。也有人選擇勇敢面對、動手排解……，即使失敗，日後也可以磨練更高的生存能力與耐力。

一個人對於威脅的認知與回應，反映出他的心智成熟度，進而決定他成就的高低。

人生的第一堂課，無需老師教導，那就是「威脅論」。好比無法言語，甚至連主觀意識都不清楚的嬰兒，如果感到飢餓，直覺的反應就是哭鬧。對父母而言，這是嬰兒與生俱來的威脅手段：如果不餵食，我就讓你不得安寧！

哭鬧是有效的威脅，根深柢固埋藏在嬰兒心底。等到日後成長，即使能夠言語溝通，只要不如意，直覺的反應便是故技重施、大哭大鬧。這時父母有三種處置方式，一是改變主意，二是有條件的同意，三是任憑孩子鬼哭狼嚎、滿地打滾，父母就是不同意。如果父母就是不同意，這時也無需老師教導，孩子從此便會清楚哭鬧是無效的威脅；再之後，他會嘗試另一種方法，試圖找出一個有效的威脅手段。

從以上例子可以看出，威脅論是我們人生所學的第一與第二堂課，它具備以下特色：

1. 威脅是「施方」與「受方」的互動。
2. 施方因為有所求，然而擔心受方不同意，或受方已表達不同意時所採取的手段。
3. 施方威脅的目的在影響受方，而不是控制受方。威脅是一種試探，通常一計不成可能換一計；如此反覆試探，直到成功或絕望。絕望以後不是放棄就是採取報復作為。
4. 受方對威脅的判斷，基本分兩種：

⑴可信度：威脅是否可信，或是隨口講講而已？即使威脅出自內心，施方有能力實現嗎？這些研判的重點在情報搜集，主要針對施方的個性、能力、背景、心態……，目的在「知彼」。

⑵傷害度：若斷然拒絕，最糟糕的狀況下會遭受到什麼報復？我能承受這種損失嗎？若不能，事先應採取什麼防範作為？大致上這是「知己」的工作。

5.受方的回應有四種，分別為：全盤接受、談判妥協、斷然拒絕、以拖待變。

（一）施與受vs強與弱

發生威脅的時候，施方與受方的身分較易區別。主動挑起事端，要求對方必須做到什麼，否則就如何報復的是施方，也是一般人眼中的強者。至於受方，由於遭到脅迫，理所當然的是弱者。很直覺的想法，然而不見得正確。

例如員工向老闆提出加薪要求，並威脅若不同意就辭職。此乃員工挑起事端，是前面定義的施方，所以也是強者。反之老闆受到威脅，是受方，因而是弱者。可是，這不合乎人們的直覺。因為無論是實力或地位，顯然老闆都是強者。可是，弱者員工怎麼敢威脅強者老闆？

因而以「施、受」論斷「強、弱」，不盡然正確。

我們不妨進一步分析員工要求加薪的例子。如果在老闆眼中這位員工表現普通，公司有他沒他都差不多，加薪的決定就在老闆，員工只能被動看老闆的臉色，此時強弱立判，老闆當然是強者。可是，假如情況轉變，員工是公司的中流砥柱、賺錢機器，此事背後的原因是同業高薪挖角，若老闆不同意加薪，員工立馬遞交辭呈、轉身便離開公司。請問這時誰是強者，誰是弱者？

強、弱雖然和「財力、物力、地位」有關，但某些時候沒有那麼單純。好比前述要求加薪的例子，兩種不同狀況造成強、弱形勢易位，其原因在於誰掌有主動的「決定權」？或是更正確地說，化解威脅的決定權在誰，誰就是強者。很明確的定義，但思考問題要往深的一層。例如員工要求加薪，縱然他是公司的中流砥柱，決定權仍然在老闆，所以老闆始終是強者，不是嗎？

膚淺地看的確如此，然而即使老闆當場同意加薪，回家後員工冷靜想想，家人再敲敲邊鼓，第二天變卦不也有可能？這種狀況下，員工心裡踏踏實實，不在乎老闆怎麼決定。反而老闆心裡七上八下，擔心員工承諾了以後卻又變卦。總之，決定權不是那個表面上看起來做決定的人，而是雙方如果衝突起來，最終有能力拍版定案的那個人，他才是威脅事件中的強者。

（二）威脅是求救訊號

「威脅」和「攻擊」大不相同。威脅是主動壓迫的手段，但它的基本動機是為了避免攻擊。例如響尾蛇有危機意識時會激烈地搖動尾巴，發出嘎嘎聲響，威脅其他動物不要接近。因而碰到某人對你發出威脅，先不要過分反彈，至少那代表還有溝通的機會。至於他的口氣咄咄逼人、態度張牙舞爪，的確讓人很不愉快，但這是一般人「先聲奪人」的反應。而且切記，對方情緒越激動，代表他心中的恐懼與焦慮越大，若能把他的肢體語言直譯出來，那無異在說：「我忍耐到了極限嘍，不要再逼我哦！能不能拜託你，趕快答應我的要求？」

沒有人喜歡威脅別人，畢竟那是挑起事端、製造衝突的發動者。所以碰到別人的威脅，先不要心慌意亂，冷靜聽他的要求，因為那是他的求救信號。

（三）掌握決定權

威脅是帶有「明確要求」的溝通方法——你不照著我的要求，我就會做出報復的事情。重點在「我的要求」，對方必定會清楚說明，不然你也要問個一清二楚。搞清楚他想要什麼，再針對他的要求內容思考對策。對策則如前文「受方的回應」，概略有以下四種：

1. 全盤接收：也就是照單全收，雖然威脅得以化解，但由於施方得逞，因而可能讓他食髓知味，日後難免得寸進尺，反而陷自己於不利的後續狀態。
2. 談判妥協：雙方討價還價，做出某種退讓，讓他得到部分想要的東西。通常他會趁勝追擊，要求你做出更大的退讓。這時可以和他進一步協商：我退讓什麼，你改變什麼？如此他最原始的威脅不就產生了質變？從質變的部分，細心研判他的真實動機、談判底線、突破口，而後續「同意、拒絕、妥協」的決定權完全操之在你。
3. 斷然拒絕：雙方進入衝突狀態，要有面對最糟糕狀況的準備，而採取如何報復的決定權在他，不在你。
4. 以拖待變：懷抱「事緩則圓」的態度，虛應周旋，暫時不做決定與承諾。假如對方有解決問題的急迫性，這時可能做出較大的退讓。或也有可能對手因「一股作氣，再而衰，三而竭」，以致降低威脅的等級。

威脅的過程中誰都想控制局勢，當一名強者，而擁有最後決定權的就是強者。請回頭看上述四種對策，哪一個不會陷自己於不利的地位，而且還能保有決定權？

（四）認清現實

威脅來臨的時候，可能是你有什麼把柄握在對方的手上；或是你想要得到什麼，他有能力破壞；也可能是他能夠摧毀你已經擁有的東西。碰到這種事情，大部分人會心慌意亂、暴跳如雷，這時不如正視自己的弱點，承認，接受，坦然以對。能夠接受現實的人，情緒必定會趨於穩定，如此才能靜下心來理智地尋找突圍的方向。

面對威脅，經過冷靜地思索，如果完全沒有突圍的可能，那就要預擬破釜沉舟、背水一戰的打算。如果你貪生怕死、畏首畏尾，威脅就會如繩索般地牢牢套住自己，讓你難以動彈。反之，明確表現出不惜攤牌、拚到底的狠勁，反而會給你帶來反敗為勝的契機。因為施方即使出於「非理性」進行威脅，潛意識之中他內心還是存在著理性，若要他相信你完全不理性，他本能地會做出退讓，畢竟沒有人願意和一個瘋子纏鬥。而且局勢一旦失去控制，討價還價的機會就越來越渺茫，完全失去了威脅的初衷。

反敗為勝的契機往往出現在，你察覺到手中抓住了什麼令他「心急」的東西。這東西他急，你不急，所以應變的首要原則是「以拖待變」，讓他急上加急。你不必動氣，不要過度言語刺激，也無需行動挑釁，但要避免走進他設定的節奏，還要刻意放慢你的步調，盡可能保持「他急，你不急」的大原則。

心裡越急就會做出越大的讓步。談判的目的就在逼對手做出更大的讓步。所以從某個角度看，談判在比賽誰更有耐性，誰更有勇氣孤注一擲。只要能讓他心急氣躁、自亂陣腳，就容易找出破綻，進而強迫他接受你提出的方案。

面對威脅，進而化解威脅，是現實人生必修的一門課。不過，有沒有可能追本溯源，避免某一方在開始的時候陷入「必須提出威脅」的情景？的確有，那就是「維持現狀」——兩個潛在競爭對手維持「權力平衡」，各自站在原本的高度與位置。倘若能保持權力平衡，而且各自安於所處的位置，即使偶爾有點風雨，也只會是微風細雨。很可惜，「維持現狀」是完美的境界，只存在於理論家的文字之中。如今我們處於適者生存、弱肉強食的叢林，強者唯恐喪失霸權地位，弱者擔心被吃掉，於是就在這種你防我、我防你，都怕對方改變現狀的前提下，導致這個世界威脅與衝突不斷。

威脅是一種協商技巧，由於可能激化成衝突，所以只能在關鍵的時刻使用。如果以為凡事都可以透過威脅達到目的，出事是遲早的事，因為其一，威脅容易演變成衝突，不確定性隨之增強，甚至發展成生死存亡的鬥爭。另外，頻頻使用威脅，終有一天會碰到不願意妥協，決意跟你拚到底的硬漢。倘若到了這一天，施方可能會發現，雙方都無法控制衝突的規模，局勢便進入完全不是當初預期的險境。

二、界定強弱的「戰力方程式」

強者與弱者是硬碰硬的實力，兩者思維、反應、可應用的手段截然不同。因而身處威脅，首先要搞清楚自己是掌有主控的強者，或是看人臉色的弱者？「強、弱」兩字的定義簡單明瞭，小學生都一清二楚。然而到了戰場，即使一流的戰略專家也經常誤判。好比說中國攻擊美國本土、美中在太平洋海域決戰，或是美國攻擊中國本土，這三種同樣是解放軍與美軍的衝突，強弱形勢卻會隨著戰場的轉換而改變。事實上，戰場的強弱不是絕對的態勢。如果是，戰史就不會存在以弱制強、以小搏大的案例。

到底什麼才是決定戰場強弱的關鍵？美國學者馬克（Andrew J.R. Mark）表示，這與交戰雙方的意志力有極大的關聯，而與物質能力關係不大。美國另一學者托夫特（Ivan Arreguín-Toft）則有不同的看法，他認為弱國戰勝強國的關鍵因素，不在於交戰雙方的意志力與物質能力，而在於使用的戰略。

這兩種理論不管誰對誰錯，都讓我們清楚看見：決定戰爭勝負的因素非常複雜。概略而言，影響因素有「力量、決心、環境、方法、機會、訓練」等六項，孰重孰輕，不同的理論家有不同的見解，以致公說公有理、婆說婆有理，聽起來都有幾分道理，卻也都有幾分盲點，直讓普羅大眾茫然不知所以。為什麼不能有一個比較科學的方法，好比說運用數學分析工具，計算出一個「對比值」，用來預測衝突雙方的強弱對比？

這就是本節「戰力方程式」的目的。不過，戰爭太複雜，此計算是基於「國對國、不動用核武、雙方傾全力、使用概等作戰方法」四個前提；其中任一項若無法滿足，都會高度複雜強、弱對比的因素。例如俄烏戰爭，莫斯科的敵人是美國加北約以及烏克蘭，這不符合「國對國」的條件；另外，俄羅斯打的是一場有限戰爭，不是「傾全力」而為的無限戰爭，因而也不屬於戰力方程式的計算範圍。

不過，縱然簡化了複雜度，這世間仍不存在一個「計算戰力對比」的標準公式。可以預見，戰力方程式必定會引起戰略專家的諸多批評，儘管如此，本書仍抱持「有，總比沒有要好」的心態。而且，假如能夠指出戰力方程式的錯誤，想必就清楚什麼才是正確，或是「錯誤較少」的公式。如此一來，戰力方程式豈不就達成拋磚引玉的效果？

戰力方程式的構思過程，憑藉的是以下兩個手段：

1.參考全球「現存數據」：例如年度國防預算、力量指數、OECD消費者信心指數、各國科技實力與民主指數、戰場環境等。以上參考數據，除了環境因素由本書自訂，其餘都是國際某些機構的評鑑。這些評鑑結果未必全然正確，但具備客觀的條件，而不是當事國自說自話、自我感覺良好的數據。

2.調整適當「權重」：國際機構針對不同目的的評鑑的數據，有的數值大到幾百、幾千，有的又小到小數點以下。如何調配適當權重，讓最終的計算結果符合邏輯，乃構思戰力方程式過程中最大的挑戰。至於調配適當權重的方法，是嘗試各種不同的數學公式，經過反覆「試誤法（trial and error）」，最後得到軍事觀點說得通的結果。

「戰力方程式」

一、參考與排除因素：

（一）力量（P, Power）：泛指戰爭所有能運用的物質資源，諸如現役部隊、後備部隊、民間力量。

（二）決心（D, Determination）：由於「人民支持度」影響軍心士氣，因而此處為「全民求戰決心」。

（三）環境（E, Environment）：戰場空間因素，例如是否要越過高山峻嶺、跨海、跋涉千里？

（四）方法（M, Method）：採用傳統戰、不規則戰、不對稱戰、超限戰、混和戰、游擊戰、機動戰、高科技遠距打擊等。

（五）機會（O, opportunity）：由於敵我均受「機會」影響，而且此因素操之在上帝，因此不列入計算。

（六）訓練（T, training）：訓練之良窳雖然影響戰力，然而國際對各國軍隊之訓練水平並無統一標準。若淪為自說自話，反失之客觀，因而也不列入計算。

二、計算公式

（一）P（力量）

$$P=\sqrt{\frac{e}{pi\times 100}}$$

1.符號說明：

(1) e：年度國防預算（military expenditures）：本書採用斯德哥爾摩國際和平研究所二〇二〇年資料，單位為「億美元」。

(2) pi：力量指數（power index）：本書採用美國軍事網站「全球火力」（Global Firepower）二〇二一年，評估各國軍力排名所用的力量指數。

2.力量與「今年國防預算投資」，以及「過去投資（力量指數）」有關。

3.以二〇二〇年「全球前十五大軍事支出國」，再加上臺灣二〇二一年資料為例：

國家	e	pi	$\frac{e}{pi \times 100}$	$\sqrt{\frac{e}{pi \times 100}}$
美國	7,320	0.0718	1019.50	31.93
中國	2,610	0.0854	305.62	17.48
印度	711	0.1207	58.91	7.68
俄羅斯	651	0.0791	82.30	9.07
沙烏地	619	0.3231	19.16	4.38
法國	501	0.1681	29.80	5.46
德國	493	0.2519	19.57	4.42
英國	487	0.1997	24.39	4.94
日本	476	0.1599	29.77	5.46
南韓	439	0.1612	27.23	5.22
巴西	269	0.2026	13.28	3.64
義大利	268	0.2127	12.60	3.55
澳洲	259	0.3378	7.67	2.77
加拿大	222	0.3956	5.61	2.37
以色列	205	0.3464	5.92	2.43
臺灣	152	0.4154	3.66	1.91

（二）D（決心）

$$D=\frac{d}{dmax}\;;\;d=\frac{c}{\sqrt[3]{i}\,\sqrt{s}}$$

1.dmax＝d 的最大值。

2.其餘符號說明：

(1) c（OECD消費者信心指數）：信心越高，人民對未來生活的期待越高，因而戰鬥決心相對提高。不過，OECD只針對會員國評估，上列國家之中，印度、沙烏地、臺灣非會員國，因而以下計算不列入印度、沙烏地，臺灣概估為103.00。

(2) s（科技實力）：依據國際對各國「科技實力」評鑑的五個等級。科技水平越高，武器裝備越先進，軍隊敢戰求戰的意志越強。本資料依據二〇一七年《Nature》資料庫所製作的「Nature Index」。

(3) i（民主指數：Democracy Index）：國家越是民主，人民意見越多，反戰的思想越強烈，因此不利於決心。本書引用英國雜誌《經濟學人》（The Economist）二〇二〇年評出的民主指數。

國家	c	S(√s)	i (∛i)	d	D
美國	99.47	1(1.00)	7.92(1.99)	49.98	0.87
中國	105.62	2(1.41)	2.27(1.31)	57.18(dmax)	1.00
印度	非OECD	4(2.00)	6.61		
俄羅斯	97.48	3(1.73)	3.31(1.49)	37.82	0.66
沙烏地	非OECD	5(2.24)	2.08		
法國	99.36	2(1.41)	7.99(2.00)	35.23	0.62
德國	98.97	2(1.41)	8.67(2.05)	34.24	0.60
英國	98.71	2(1.41)	8.54(2.04)	34.32	0.60
日本	97.97	2(1.41)	8.13(2.01)	34.57	0.60
南韓	102.20	3(1.73)	8.01(2.00)	29.54	0.52
巴西	97.24	5(2.24)	6.92(1.91)	22.73	0.40
義大利	100.83	3(1.73)	7.74(1.98)	29.44	0.51
澳洲	101.09	3(1.73)	8.96(2.08)	28.09	0.49
加拿大	96.35	3(1.73)	9.24(2.10)	26.52	0.46
以色列	101.42	3(1.73)	7.84(1.99)	29.46	0.52
臺灣	103.00	4(2.00)	8.94(2.08)	24.76	0.43

3.「物質（physical）+精神（spirit）」戰力：ps = P * D

國家	P	D	ps
美國	31.93	0.87	27.78
中國	17.48	1.00	17.48
俄羅斯	9.07	0.66	5.99
法國	5.46	0.62	3.39
德國	4.42	0.60	2.65
英國	4.94	0.60	2.96
日本	5.46	0.60	3.28
南韓	5.22	0.52	2.71
巴西	3.64	0.40	1.46
義大利	3.55	0.51	1.81
澳洲	2.77	0.49	1.36
加拿大	2.37	0.46	1.09
以色列	2.43	0.52	1.26
臺灣	1.91	0.43	0.82

（三）E（環境）＝tow×（ter＋dis）

1.tow：戰爭型態（type of war）：

(1)侵略戰＝1.1。

(2)防衛戰＝0.9。

(3)衝突戰＝1.0。

2.ter：地勢難度（terrain difficulty）：

(1)跨越海洋＝5。

(2)跨越河流＝1.5～3。

(3)越過高山：高度每增加一百公尺，ter＋0.1。

(4)無地勢難度＝1。

3.dis：戰場距離（battlefield distance）：

(1)「戰場」與「部隊出發基地」之間的距離。

(3)敵、我相對戰場「距離差」在100公里之內，dis＝0。

(2)敵、我相對戰場距離差每逾100公里，dis＋0.1。

4. 綜合戰力W＝ps／E。

（四）範例三則：

1. 美國攻打中國

(1) tow：

A. 美國＝1.1。

B. 中國＝0.9。

(2) ter：

A. 美國＝5。

B. 中國＝1。

(3) dis：美國由駐日與駐韓基地出發，距離中國東部沿海約400公里：

A. 美國＝0.4。

B. 中國＝0。

(4) 環境（E）＝tow×（ter＋dis）：

A. 美國＝1.1×（5＋0.4）＝5.94。

B.中國=0.9×（1+0）=0.90。

(5)綜合戰力W=ps／E：

A.美國=27.78／5.94=4.68。

B.中國=17.48／0.90=19.42。

(6)預測結果：美國綜合戰力（W）小於中國，因此會敗。

2.中、美在「西沙群島」爆發衝突戰

(1)tow：

A.美國=1.0。

B.中國=1.0。

(2)ter：

A.美國=5。

B.中國=5。

(3)dis：美國由菲律賓蘇比克灣出發，中國由海南島出發，美國距離差+300公里：

A.美國=0.3。

B.中國=0。

(4)環境（E）=tow×（ter+dis）：

A.美國=1×（5+0.3）=5.3。

B.中國=1×（5+0）=5.0。

(5)綜合戰力W=ps/E：

A.美國=27.78/5.3=5.24。

B.中國=17.48/5.0=3.50。

(6)預測結果：美國綜合戰力大於中國，因此會勝。

3.中國武統臺灣

(1)tow：

A.中國=1.1。

B.臺灣=0.9。

(2)ter：

A.中國=5。

B.臺灣＝1。

(3)dis：

A.中國＝0.1。

B.臺灣＝0。

(4)環境（E）＝tow×（ter＋dis）：

A.中國＝1.1×（5＋0.1）＝5.61。

B.臺灣＝0.9×（1＋0.0）＝0.90。

(5)綜合戰力 W = ps / E：

A.中國＝17.48 / 5.61＝3.12。

B.臺灣＝0.82 / 0.90＝0.91。

(6)預測結果：中國綜合戰力大於臺灣，因此會勝。

（五）M（方法）

1.再強調一次，前述計算基礎是「國對國、不動用核武、雙方傾全力、使用概等作戰方法」，例如傳統戰對傳統戰、游擊戰對游擊戰、不對稱戰對不對稱戰。

2. 綜合戰力較弱的國家想要逆轉勝，只能寄望最後的「方法（M）」，或是更正確地說是戰略。透過前述三個範例，分別說明如下：

(1)美國攻打中國：美、中綜合戰力比為4.68：19.42＝1：4.15，因而美國必須採取某種能夠「以1敵4.15」的方法，否則難以獲勝。

(2)美、中在西沙群島爆發衝突：美、中綜合戰力比為5.24：3.50＝1.50：1，因而中國若想獲勝，必須採取某種能夠「以1敵1.50」的方法，否則難以獲勝。

(3)中國武統臺灣：中、臺綜合戰力比為3.12：0.91＝3.43：1，因而臺灣若欲擊退中共犯臺，必須採取某種能夠「以1敵3.43」的方法，否則難以獲勝。

3. 至於該採取什麼方法才能逆轉勝，關鍵在雙方的戰略，以及依此戰略落實的建軍與訓練。

三、強者思維

——任何優點都有界限，一旦過了界限，優點會變成缺點強、弱是一種「對比」，除了要看對象，還要看狀況。例如中國對上臺灣，中國當然是強者；但是對上美國，它又屬弱者。不過，假如美國橫跨太平洋侵略中國，中國進行一場防衛戰，中國的戰力又在美國之上。

面對衝突時要先瞭解「現實」：不管計畫多麼完美，看起來如何天衣無縫，甚至開始階段與預期完全吻和，然而現實卻會像是運氣，以一種不理性的方式顛覆和破壞那些最崇高、最有智慧的構想。不管何時何地，身處衝突的什麼階段，要認清自己與潛在敵人的對比是強或弱，而強與弱對解決衝突的手段有不同的思維。

思維因人而異，也就是某些人雖強，但保有弱者的敏銳；某些人雖弱，卻呈現強者的傲慢。以下所述為典型，或是說，大部分強者的思維如下：

1. 自我為中心：強者常有的思維是：自見、自是、自伐、自矜。自見是自我炫耀、不知收斂，因而無自知之明；自是是自以為是，所以難以看清是非真相；自伐是喜愛內鬥、自我戕害，因而無法立功；自矜則是驕傲自滿、不知進取，所以難以成長。中國有所謂自見者不明、自是者不彰、自伐者無功、自矜者不長，這些都是強者難以戒除的惡習，也是上帝賜予弱者的機會之窗。

2.法律觀淡薄：強者制定法律，弱者遵守法律。什麼合約、規範、條例、法規……，在強者眼中都在約束弱者。當法律阻擋到強者的利益，他直覺的反應是「不理它」；如果環境不能「不理」，他的第二個反應是「修改它」。但假如遇到對己不利的狀況，他又習慣於興訟，頻頻打法律戰。法律是一種奪取利益的工具，是否要遵行，端視對自己有利或有害。反正強者是老大，說什麼就是什麼。他的價值觀、是非判斷，就應是弱者遵循的法則。

3.野心不凡：能力越強，責任越大，這是普世價值。強者自恃能力過人，因而有類似心態，往好的方面發展是責任心強，往壞的方面發展就是野心不凡。其實野心未嘗不是好事。拿破崙有句名言：「不想當元帥的士兵就不是好士兵。」美國也有一句俗諺：「噴泉的高度不會超過它的源頭。」弱者眼中的終點，可能只是強者眼中的起點。又因為決定「終點」的是強者，所以弱者不應站在自己的角度，以為某種結果就已「足夠」，強者的想法可能和你截然不同。

4.缺乏同理心：強者習慣從自己的角度看問題，當他人遭遇失敗或挫折，他直覺的反應是：「我可以如何如何……，為什麼你不行？」強者缺乏同理心，不了解弱者的難處，更不願意接受弱者的理由。中國有句古諺：「可憐之人必有可惡之處」，這是強者普遍心態。在他眼裡「弱肉強食、適者生存」是天地運行的法則，沒有所謂對錯，就如同太陽打東邊升起來一樣自然。

5. 多管閒事：儘管強者野心不凡，但不可諱言，也會有特別的使命感。因而某些跟他無關的事情，他喜歡指指點點、說三道四。強者習慣以正義之士自居，對不符合他心裡設定標準的事情，忍不住會講幾句。說好聽是抑惡揚善、維護秩序，其實是規範別人的行為不要超越自己所劃的紅線。特別是針對身邊的人，強者喜愛要求他們過自己認定「有意義的生活」。

6. 正面迎向挑戰：強者遇事不逃避、不放棄，遇到困難也多半會勇敢面對。他們未必有更高的成功率，但他們不怕失敗，會從失敗中吸取教訓，並習慣以「失敗為成功之母」自勉。強者的勇氣與自信都過人一等。別人不敢，他敢；別人放棄，他堅持不懈。弱者眼中這是逞強、逞能、逞勇。強者遭遇衝突的時候，由於感覺勝券在握，多半會採取「直球對決」的處理模式。

7. 吝於求人：強者好面子，不愛開口求人。又因自認有解決問題的能力，所以直覺的反應是自己動手解決。他不會期待別人出手相助。假如他拉幫結派，尋求朋友的支持，這證明他遇到強大的對手，由於心虛而缺少獨力解決的自信。看強者有幾分勝利的把握，先看他是否尋求別人的幫助，以及尋求的規模與等級。

8.先發制人：強者不習慣「被動」，不願意被別人或環境牽著鼻子走，遇事多半主動積極，並希望事情的發展朝自己預期的方向進行。為了避免形勢失控，他習慣率先採取行動。就他的觀點看，這如同下五子棋，先下者擁有較高的勝算；而且一旦採取行動便全力進攻，逼得對手只能採取守勢。守勢無論多麼成功，其實只是不同等級的失敗。

9.用力量速戰速決：人們都會從過去成功的經驗當中，尋找最有效的手段。不可諱言，這個世界拳頭會說話，而且說得很有力量，所謂「與其講三句狠話，不如打一記巴掌」。真實狀況也的確如此，多說無益，拿把刀子架到脖子上，什麼問題都解決了。強者自恃力量占據優勢，習慣「以兵強天下」，動不動就用戰爭的手段解決爭端。又因自認勝券在握，如果結局已定，何苦夜長夢多？相對於弱者，強者耐性稍差，所設定「忍無可忍」的條件不會太高。而且不行動則已，動則一鳴驚人，期望藉此達到速戰速決的目的。速戰速決可以保證以最小的代價達到目的，因為衝突的時間越短，相對投入的人力、財力、物力越低。慢慢磨、細心觀察、以拖待變，看是否能出現轉機，不會是強者熱衷的謀略。

10. 身段柔軟：強者之所以強，原因之一是識時務、知進退，否則他只是一個莽漢。強者非常清楚天外有天、人外有人、強中自有強中手。當他遇到弱者，行動起來如秋風掃落葉，一路趁勝追擊，直到取得決定性的勝利。但假如遇到難纏的對手，或甚至是強過自己的對手，會深明「識時務者為俊傑」的道理，這時該軟則軟、該退則退。若有事求強者，你會冷酷地看到他強硬的一面；但假如反過來，他有事求你，你會很意外地看見他和藹可親、笑臉迎人的一面。從他對你態度的冷暖，你應清楚自己在他心中的地位。

強者思維若套用於戰爭，可能會轉換成以下戰術作為：

(1) 主動、步步進逼的手段，試圖不戰而屈人之兵。這過程不必跟他講太多理由，但要聽清楚他的要求。**不要寄望國際有什麼規定能對他做出約束，戰爭從來都是強者的語言。**

(2) 戰場的選擇由他決定，首要考量是不在他的國境。

(3) 戰爭的型態與時間由他決定，而為了減少己方傷亡，「代理人戰爭」是第一選擇，其次是「遠程精準打擊」。遠程精準打擊可遠離高強度拚殺，讓戰場變得更加可控、細緻，以最小的兵力投入，癱瘓敵人的軍事體系，不消耗更多資源，不浪費更多財產，不流更多的血，同樣可以實現特定的政治目標。

(4)強者由於「必勝」的心理，所以缺乏耐性，不動則已，動則是決定性的軍事行動，以期速戰速決。

(5)集中全力，在敵人有機會反抗之前，盡快從生理和心理層面壓垮對手。

(6)全力避免陷入越戰式泥淖。

(7)邊打邊評估，計算得失，決定戰爭的終止時間。也因此，強者決定「開戰」與「終戰」的條件與時間。

這世界很難找到兩場完全一樣的戰爭。可是，在錯綜複雜之中，又隱約可見「萬變不離其宗」的原則，那就是戰爭會遵從「大吃小」的邏輯。而**占據優勢資源的強者，只要不犯大錯，縱然採取老套、重複的戰術，多數也能獲勝。**

四、弱者思維

——柔軟是立身之本，剛強是惹禍之胎。《水滸傳》

典型的弱者思維如下：

1. 善於察顏觀色：弱者習慣隱藏內心的欲望、精於內斂、喜怒不形於色，因為他清楚弱者之道是「韜光養晦、隱忍待機」。為了等待適當的時機，衝突時他總是睜大眼睛、豎直耳朵，小心翼翼地觀察敵方的動靜與周遭環境的變化。察顏觀色是弱者思維的第一特徵，因為他們處於被動，所有反應的依據主要來自於強者的一言一行。弱者基本戰略是「以對方的行動為依據，再決定自己的下一步」，而他的最佳行動選擇，是採取行動以後，對方的下一步行動符合他的預期。

2. 精於試探與謀略：弱者缺乏自信，沒有足夠的信心以前不會採取果決的行動，而是透過旁敲側擊，或以第三者釋放風聲，觀察對方的反應再做決定。又因不見得每次都能找到答案，所以會透過不斷地試探，不斷地觀察，不斷地修訂，以調整自己的回應方式。弱者想要實現「柔弱勝剛強」的目標，必須善於謀劃策略，也就是少憑直覺，多動腦袋。

如何謀劃?採取大智若愚,大勇若怯,暫時掩蓋自己的鋒芒與城府,把「拙、屈、訥、怯」等「無為」表現在外,給人以消極、低下、愚蠢、無能、膽怯的印象。直到時機成熟,突然攻敵不備。此正如老子所說:取天下者常以無事,及其有事不足以取天下矣。

3. 疑心重重:凡是缺乏安全感、自信心低的人,由於經常處於擔心受怕的被壓迫心境,因而習慣用陰謀論看待每一個「可能對他有威脅」的人或事。有句話叫「疑心生暗鬼」,他會毫無根據地猜疑別人的行為,而且盡往壞的方面想。別人往左,他心想左邊肯定存在什麼對自己不利的東西。別人往右,他又會猜測右邊有什麼陰謀。別人停在原地不動,那更可疑,因為正常人不應該停在原地不動。戴著有色的眼鏡看人,就會偏離事實。富蘭克林曾說:「偏見可定義為缺乏正當充足的理由,而把別人想得很壞。」如果某個社會對另一個社會充滿了偏見,其實那是沒有自信、內心脆弱的表徵。

4. 自掃門前雪:弱者自顧不暇,哪有心情與能力管理無關己身的閒事?若身旁發生多角衝突,弱者直覺的反應是置身事外、遠離紛爭以求自保。基於道義,弱者政治性的口號或許會宣示一下,不涉及實質的口惠講幾句。然若被逼得必須採取行動,他會精打細算:我要付出什麼,我能得到什麼?自掃門前雪乍聽之下非常自私,又沒有人情味;可是客觀地想一想，如果每個人都能自掃門前雪，天下不就太平了嗎？

5.長於敦親睦鄰：弱者清楚危機來臨時，靠一己之力難以過關，因而處心積慮交朋友、拉關係，特別是那些強大的朋友，屈意討好、多方配合，藉以求取心安。殊不知國際間只有利益，沒有道義。把自己的命運交到別人手上，時時刻刻看著別人的臉色過日子，那是人生一大悲哀！儘管如此，弱者的宿命就是敦親睦鄰。若不安於分，四處挑釁、沒事惹事，無異自取其辱、自尋死路。

6.後發先至：先發制人是強者思維，容易逞強顯武，暴露目標和企圖，終而陷入死胡同。「後發」具備優勢，可以觀察對手如何行動，再針對「對手的行動」採取適當的對策。如果「先發」，行動依據只能憑靠情報與研判。好比兩家競爭公司打折促銷，誰先行動，另一家只要減得比對手多一點，就具備不敗的優勢。後發制人戰略的效益，首先是占據「道德制高點」，不率先發動戰爭，不開第一槍，有利於爭取民心與國際支持。擔任國家領導人，首要責任是避免國家陷入殘酷血腥的戰爭，如果遭遇外敵入侵，被迫進行反侵略戰，那是「不得已而用兵」，具備政治正確的超然地位。後發制人另有兩個好處，一是不易輕敵，因為可以清楚看見敵人如何發動第一擊。二是處於「哀兵」的有利姿態，可以激勵士兵悲憤殺敵的決心。如果後發，採取攻勢，易於取勝；用於防禦，可以堅固。後發制人的戰略首在「將欲取之，必先予之」。例如在開戰之初，刻意讓強者勢如破竹，一路順風順水，難免讓敵人產生自大的輕蔑心理，因而放鬆戒心，採取更大膽的行動，這會不給「韜光養晦、隱忍待機」的弱者找到突破的機會？

7.行動保守：面對強大的對手或敵人，或是自己處於被動的位置，弱者必須暫時以退為進，像潛龍一樣隱潛在深淵之中，隱藏鋒芒。可是，重點在接下來要如何應對？若無妥善的應對方法，往往「以退為進」的結果就「退了」，士氣一蹶不振、軍心渙散，注定失敗的命運。反之，有妥善應對之道，內心踏實，等待敵人進入所設的陷阱，再集中火力針對敵弱點致命攻擊。行動保守的第一作為是防衛。準備嚴密、組織強固的防衛可能比進攻更有效，這可降低敵人的侵略意願，並集中我方的反擊火力。

8.以拖待變：強、弱對峙，現況就是敵強我弱，直接對撞，凶多吉少。所以弱者在試探觀察之餘，另一種心境是「以拖待變」，所謂「船到橋頭自然直」、「時間會解決一切」，弱者期待的就是後續發生的轉變。以拖待變，一可逐漸消耗敵力量，二因久攻不下，必可挫其銳氣。反過來，時間拖久了可能逐漸累積自己的實力，同時讓遭受第一擊以後挫敗的士氣，得以慢慢凝聚。戰爭的進程中，時間有如登山，一旦過了山頂，無論往哪個方向走都是下坡路，許多因素都會翻轉。弱者等待的就是戰況越過山巔，多種因素轉向對自己有利的時機。

9. 哀兵必勝：弱者常以這句諺語期許自己，這句話的反話是「驕兵必敗」。強者容易陷入驕兵的心境，弱者不自覺地就成了哀兵。其實，哀兵雖然不見得「必勝」，但縱觀千古戰史，哀兵「常勝」。特別是兩兵實力相當，幾乎都是哀兵獲勝。這個道理很簡單，哀兵小心翼翼、如履薄冰，驕兵膽大如斗、貪功躁進，除非局勢真的一面倒，否則「哀兵常勝」是戰場規律。

10. 追求認同：強者自信心強，可以「走自己的路」，不理會別人怎麼看、怎麼說。弱者難以「獨自成其事」，因而需要多方協助，或是起碼不希望有人站在反對面，所以會很在意別人的眼光，盡力追求認同，缺少主見與定見。也因此，通常弱者目光短淺，只顧眼前利益，難以做較長遠的投資與建案。因為建案時間越長，旁人越難以看到他的績效，批評一起，就容易讓他懷疑自己的存在價值。

弱者思維有圓滑、機靈的地方，卻也有盲目、不足之處。老子對弱者最大的忠告是「上善若水」，並以「守柔、不爭、處下」做為安身立命之道。面對強、弱不均的衝突，弱者首應加強防衛，因為牢固的防衛比攻擊更有威力。接著要傳達「你不來惹我，我絕不惹你」的信息，以及「如果你來惹我，我必定傾全力拚命」。之所以如此，不是挑釁，而是希望強者不要發動戰爭。至於弱者戰略，應拉長戰線、擴大戰爭面，爭取更多盟友，但要濃縮所欲攻擊敵人的打擊面，然後不惜代價，集中火力進行關鍵一戰。

果真做到這些，而且能有效地傳達給對方，讓強者思考再三：是你敢拚或他敢拚？是你不顧一切或他不顧一切？是你的民意大或他的民意大？是你受國際制約或他受國際制約？是你在乎傷亡或他在乎傷亡？

弱者思維若套用於戰爭，可能會轉換成以下戰術作為：

(1)藉力使力：由於力量不夠，所以要透過別人的力量強大自己；至於手段，大致有以下三種：

A.尋求盟友：瞭解對手的敵人是誰？試著從他們中間建立盟友關係，因為敵人的敵人就是朋友。

B.依靠大國：最有效的方法，是將自己的利益與大國利益綁在一起。果能如此，關鍵時刻大國必然出手相助；因為說穿了，大國出手其實是為了維護他自己的利益。

C.敦親睦鄰：廣結善緣，特別是那些掌握話語權的強國。

(2)被動式反應：為了占據道德制高點，絕不發動第一擊，因而要有承受第一擊的心理與行動準備。

(3)精於試探與情報分析：希望藉此瞭解強者真正的意圖，以及所設定的紅線。而在這條紅線之前，盡可能調整自己的國防與外交政策，使能占據最佳的戰略位置。

(4)七分政治、三分軍事：既然硬實力比不過，就得加強軟實力，這中間又以「認知戰」為重中之重。

(5)猶豫不決：由於成功的機率不高，而失敗的下場通常很慘，得失心太重的弱者通常難以下達決心。

(6)猜忌心重：弱者充滿了猜忌與不安的心理，即使真相擺在眼前，他也可能懷疑那是強者設計的陷阱。

(7)預謀後路：不管如何神機妙算、如何恃吾有以待之，萬一情況不如預期，要事先擬定

「收拾善後」的計畫。再者，弱者畢竟勝算較低，因而縱然表現出不惜與強者力拚到底的決心，但內心必然隱藏著「較為體面」的退路。

上帝是公平的，自然界的萬事萬物相生相剋，再強的人都有弱點，再弱的人都有強點。強、弱不是絕對，強、弱思維也非必然，身手如強者，卻保有弱者心態，天下無敵；身手如弱者，卻顯現強者作風，自尋死路。

第二章

和戰

如果歷史是一道菜，戰爭就是鹽

國與國之間的關係十分複雜，如果簡單化，可以粗略分成三個階段，分別是和平、灰色衝突、戰爭。

一、和平

沒有人不嚮往和平，也不管是如何地熱愛與渴望，和平不會從天上掉下來，更不要天真地以為享有和平是理所當然。和平對於強國如囊中物，只要安分，不試圖改變現狀，且沒有表現出想要改變現狀的意圖，通常就能保有和平。然而對於弱國，和平絕不廉價，有時候昂貴得要一部分人民付出生命的代價。若處於承平時期想要保有和平，不是搖頭擺尾祈求強國的佛心；是和或戰，完全決之於自我防衛決心的展現。

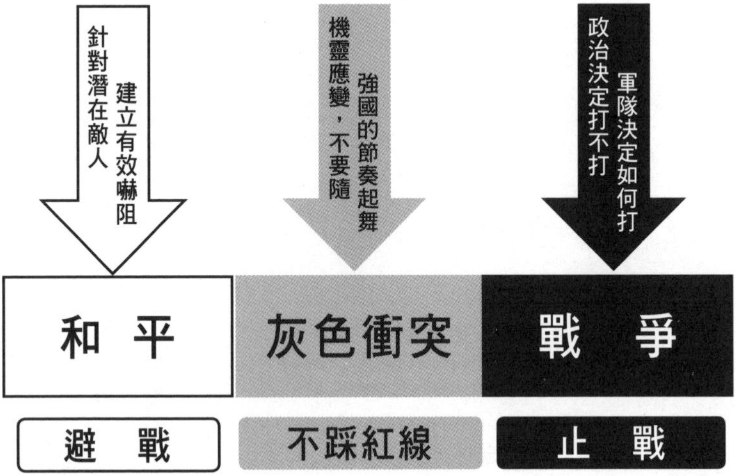

所有防衛決心的展現，目的都在嚇阻。不過，決意採取嚇阻行動以前，應先確定潛在敵人的意圖。如果潛在敵人無意掠奪領土，也不準備挑戰國際秩序，甚至沒有改變現況的想法，那就無需過度投資國防資源進行嚇阻。因為這麼做，不只會耗費國家稀有的資源，還可能因為沒有「被侵略」，政治領袖與國防計畫官員自認採取了有效的嚇阻行動。畢竟，嚇阻只有在敵人心存歹念，卻因你採取有效的反制行動，讓他心生畏懼而取消本來準備的侵略才算有效。不單如此，嚇阻一個「根本無意」攻擊的對手，反而可能因為你的挑釁而激起他的怒火，憤而讓他採取實質攻擊。不過，如果潛在敵人確實打算挑戰現狀，弱國想要保持和平就必須採取嚇阻行動。

嚇阻在目的在嚇得對手不敢做某事。嚇阻的可信度來自隨時傳達給對手：你會不顧一切拚到底的姿態；因而每當危機降臨，各方都願意謹慎行事。畢竟人們永遠無法確認，不管有多少把握，邁出軍事的第一步會將事態引向何方？

嚇阻的重點在於政府的作為必須產生兩種效益：一是人民相信軍隊有能力勝戰，於是大家滋生不屈服的戰鬥意志；二是敵人曉得不是那麼容易得勝，而即使得勝，也得不償失。

戰爭是殘酷的，越想要和平，就越要準備戰爭；越不想打仗，就越要武裝。戰爭的後果越可怕，就越要表達求戰的決心與準備戰爭的能力，把發動戰爭敵人的風險和成本無限提高，使敵人不要一時失心瘋做出愚蠢的賭博。

我們必須對嚇阻的概念有正確的認知。建立國防武力的首要目的不是為了在戰爭中求得勝利，而是為了避免戰爭。如何避免戰爭？最可靠的方法不是曲意求和，而是建立具有可信度的嚇阻能力。要使嚇阻有效，除了有形的軍事能力以外，更重要的是展現堅定的防衛意志。小個子只有擺出不顧一切的狠勁，大個子才會有所顧忌。小個子一副害怕畏縮的樣子，無異鼓勵大個子盡快動手。

弱國建軍備戰的主要目的在建立可信的嚇阻能力。只有當嚇阻失敗以後，不得已才會選擇在戰場上擊敗敵人。如果你反對戰爭，又不願意接受強國的脅迫，於是鎮日倡言和平，發表綏靖言論，此絕非良方善策。**對於充滿野心的強國而言，弱國滿口「神愛世人、和平是普世價值」是起不了作用的，管用的方式是左手拿著聖經，右手拿著槍**。沒有武力做後盾，唸什麼經也不行。如果你單方追求和平，他在尋求侵略，雙方一合拍便剛好達成強國的目標。

天下沒有白吃的午餐，不想被侵略又不想遭來戰禍就得付出代價，堅定地展現自我防衛意志，建立可信的嚇阻能力，使敵人顧忌遭致重大損失而不願，更不敢發動戰爭。我們必須牢記，軟弱招來戰爭，堅定才能避免戰爭；誰最不能打，誰就首先被盟友犧牲。

這個世界沒有真正的和平，地區衝突、局部戰爭一直都存在，差別只在距離我們多近，或是多遙遠，以及如何解讀。例如美、中如今在貿易、外交、輿論、心理、網路等領域展開激烈搏鬥，軍事方面也在南海與東亞互別苗頭，以「超限戰」的角度看，美、中已經處於戰爭狀態，只是雙方還未進入武裝衝突，沒有刀光劍影的流血場面。可是，處於百年難得一見的大變局之下，誰能保證戰爭不會悄悄地上門？

二、灰色衝突

和平是普世價值，衝突是普世人性，不管哪個團體、哪個地區、哪個國家、哪個時代，衝突都無法避免。誠如有人的地方就有恩怨，有恩怨就會有江湖，人就是江湖。

衝突是一種心理狀態，也是一種互動過程。當兩個或兩個以上的個體，彼此對立或互不相同的欲望無法全部獲得滿足，也都不願意做出任何退讓，個體就會陷入衝突的心理狀態。這時某一方若認為已經受到，或即將受到另一方造成的負面影響，雙方協調不成的互動過程就是衝突。

兩國若實力相近就容易產生衝突與對抗。如果強國與弱國的實力差距頗大，無形建立了國際體系中的「等級制度」，這反而是維持世界和平的要素。也因此，強國應時常對弱國進行「戰略再確認」，反之弱國應當對自己在等級制度中的位置，有理性清楚地認知。強國過分逼迫弱國是錯，弱國不尊重強國也是錯，雙方都有維持國際體系穩定的責任。

如果弱國被迫進入衝突狀態，不必過於悲觀，因為衝突是一種介於和平與戰爭之間的緩衝帶，它是挑釁者透過混合威脅對目標展開多重施壓，目的在削弱對方的精神與物質戰力。依據美國智庫蘭德公司的研究報告，灰色衝突具備以下八個特徵：

1. 低於「啟動軍事反擊」的門檻。
2. 採取「切香腸戰術」的漸近式行動，而非一步到位。
3. 缺乏足夠證據，難以究責。
4. 利用法律與政治理由進行掩飾。

5.從邊緣利益下手，避免目標國因「立即的危險」而採取激烈回應。
6.善用「脅迫升級」的方式施壓。
7.以「非軍事」手段為主，避免達到軍事反應門檻。
8.避實擊虛，針對目標國的弱點。

上述八個特徵都具備「灰色」性質，也就是遊走於「黑（戰爭）、白（和平）」兩個極端之間。灰色衝突的時間可長可短，也可能不存在，兩國關係直接從和平跳到戰爭。處於灰色衝突的雙方，最終是維持和平或墜入戰爭，取決於雙邊領導階層的智慧、耐力，以及力量的展現。

灰色衝突的基本動機是為了避免事態擴大，可以看成是進入戰爭前的警告期，因而對和平有正面意義。它在傳達強國對弱國的不滿，並以實際行動表達抗議：如果再不理會，小心強國將採取更強硬與激烈的軍事行動。

對強國而言，灰色衝突沒有風險，可一點一滴消耗對手的資源。對弱國而言，灰色衝突是不得已的困境，必須機靈應對，且不要隨著強國的節奏起舞。

灰色衝突的手段五花八門，諸如震懾與壓迫、威脅與勒索、切香腸戰術、戰略耗損、溫水煮青蛙、認知戰、網路戰，以及改變現狀造成既成事實。

（一）化解邏輯

解決衝突的過程是一種搏奕，主要在「你算我計」的心理較量。這猶如商場談判，雙方都有期欲達成的目標，也各有絕不退讓的底線，而在討價還價的拔河過程中，彼此都在猜測對方的下一個條件，並由此擬定己方所應開出的價碼，而整個談判過程就是一場心理攻防。不管科技如何進步，如何改變戰爭形態，講究心理攻防的人性永遠停留在原地，並始終遵循著以下的邏輯：

1.理性vs不理性

幾年以前，盧卡斯・赫斯堤（Lucas Husted）在社群下了一個戰帖，詢問網友：從「0」到「100」之間隨機猜一個整數；若所有網友猜測的平均值是X，最終「2/3乘X」的「整數值」是多少？

這題目有點繞口，我們逐步求解如下：

⑴「0」到「100」隨機猜一個整數，有的猜大、有的猜小，如果樣本數足夠，依據數學隨機理論，平均值是極小與極大的中間值，也就是「50」。50的2/3等於33.3，所以答案是33。

⑵前述是預推「一步」的答案。如果網友思慮夠細密，他必定想得到絕大部分網友都會猜33，而33的2/3等於22，所以網友若能預想「二步」，標準答案將會是22。

⑶若再理性進入第三步思考：大家都猜22，所以合理的答案是22乘2/3的整數，也就是14。

⑷如此重複下去，預推四步的答案是9，預推五步的答案是6……，經過反覆十三步計算，最終答案會降到0。換言之，如果每一個網友都夠理智、夠聰明，更願意一步一步耐心地推算下去，最後的標準答案是0。

現實世界是如何呢？丹麥《政治報》舉辦這個遊戲，有一萬九千多名讀者參與，結果平均值大約是22，因此最後的答案是14，等於前述求解過程的第三步。這個例子告訴我們，人是「不完全理性」，或是「不預期對方完全理性」，總之衝突雙方不太可能「全都理性」。因而遊戲之中，一部分人推算二步，一部分人推算三步，又有一部分人推算四步……，再下去，不是他自己不願意，就是猜測其他人不願意推算下去。

這例子告訴我們，心理較量的過程中，全然「理性」未必是正確的方法。如果衝突雙方都能保持「全然理性」，這世界國與國之間不會有戰爭，人與人之間不會打架。

2.最差結果的最上策

賽局理論有「囚徒困境」（Prisoner's Dilemma），談到如果發生竊案，警方抓到兩位小偷，懷疑他們共謀犯案，卻苦無證據，於是將兩人隔離審訊，並分別告訴他們「坦白從寬，抗拒從嚴」：如果認罪，只要關四年；若不認罪，可是另外一人坦承罪行，則加重刑期關十年。這時隔離審訊的可能結果如下：

(1)都不認罪：由於沒有證據，所以警方必須無罪釋放兩人。

(2)都認罪：因為坦白從寬，所以各關四年。

(3)一人認罪，一人不認罪：認罪的關四年，不認罪的關十年。

如果你是嫌犯之一，請問你會如何回答？

這時的重點在你對夥伴瞭解多少？如果他做人講義氣，是監獄常客，家人生活沒有負擔，關四年或十年對他沒有太大差異，你應賭他不會認罪，所以最佳選擇是堅不認罪。反之，他沒有犯罪前科，不善欺騙，膽子又小，一講謊話就臉紅，你最好坦白認罪，因為他能騙過警察的機率不高。

很可惜，這世間的選擇很少如此單純。任何一個夥伴的條件，通常是部分符合，部分不符合；他到底會認罪或堅不認罪，很難論斷。這時不妨採取「最差結果的最上策」。這個例子最差結果是「夥伴認罪」；如果你也認罪，會被關四年；堅不認罪，會被關十年。因而最佳選擇是「認罪」。

3. 因利乘便

在一個遊客密度均勻的沙灘，有兩家販賣冷飲的攤販，雙方的飲料內容、價格，以及工作人員的親切度不分上下。炎炎夏日，遊客若想喝冷飲，必定會選擇距離較近的攤販。所以最公平、最理性的作法是兩家攤販各據沙灘的一端，都可吸引約一半的遊客。可是，縱然兩家老闆達成協議，不難保其中一人為了增加生意，偷偷把攤位往中間挪移。你移一點，我移一點……，移來移去的結果，最後兩家攤販都會擺在沙灘「中線」附近。

這是沙灘遊客密度均匀的情形。若無法滿足這個條件，生意冷清的攤販通常會向生意火熱的地點移動，最終造成「類似商品」攤販群聚的現象。

思考如何處理衝突，不要只講合理性，更不能單從你的角度看問題，要想清楚對手的「利」在何處？只要不過分損及對手的利，衝突就不難解決。

4.投機、僥倖

樂透中獎的機率極低，低到幾乎比被閃電擊中的機率還要低，為什麼還是吸引那麼多人購買？理由很簡單，因為人性充分受「投機、僥倖」的因素牽引。好比現今詐騙案層出不窮，某些高級知識分子竟然也被非常「俗套」的戲碼矇騙，難道他們看不出那是騙局？其實，縱然他們心裡清楚可能是騙局，但人生的樂趣就在於「萬一」。萬一不是詐騙，而是真的呢？在最後結果出爐之前，誰能保證是真或假？

投機也好，僥倖也罷，都是人性的弱點。既然是人，就不可能沒有弱點，不管是你，或和你衝突的對手。為了製造對手投機與僥倖的心理，不管什麼協商，不要往「絕處」走，留一點空間給對手，讓他產生期待，沒必要逼得他狗急跳牆。

5.冒險、機會

機會只留給勇於冒險的人。這句話有正面意義，也有負面效應。好的方面是鼓勵人們勇於挑戰，負面之處在某些根本不太可能成功的目標，耗費大量精力做白工也罷，更糟的是浪費了寶貴的時間，錯失了另一個可能解決問題的機會。

冒險與機會本來應予以肯定，但關鍵在如何區別：有沒有成功的可能？如果「有」，是奮鬥不懈；如果「沒有」，是冥頑不靈。有一句祈禱文如下：天上的父，請賜我以冷靜去面對那些不能改變的事，賜我以勇氣去處理那些能夠改變的事，更賜我以智慧去區別它們。

不要忽視冒險與機會的力量。某些時刻你自認已施加足夠的壓力，對手理應退讓，然而他有超級冒險犯難的精神，會為了追求那微乎其微的機會而拒絕放棄。

6.孤注一擲

衝突的時候最怕碰到孤注一擲、不要命的對手。反過來看，如果覺得自己毫無勝算，又處於絕不能輸的情景，不妨表現出孤注一擲的態度，因為這可能是唯一力挽狂瀾的機會。

孤注一擲是不留退路、死絕的手法，通常在人們感覺沒有任何機會時才可能採用。所以若想避免對手孤注一擲，首要之務是給他留一條生路，讓他看到一絲希望。把對手逼到死角，最好有消滅他的能力與準備，否則會給自己帶來尾大不掉的麻煩。

預測人類行為是極度困難的事，因為人類是感性動物，受太多不合理、難以預判的因素影響，這才給這個世界增添了許多色彩，推動熱愛冒險的人們去追逐那渺不可測的機會。不過，弱國沒有太多犯錯的空間，與強國對撞的衝突中，不應用猜測、運氣、機率給自己找失敗的藉口。

（二）策略選擇

應付灰色衝突大致有以下五種策略：

1.強迫：堅持己見，拒絕合作

把我方解決問題的方式強加給對方。這會導致雙方敵對關係加劇，是一種「贏家對輸家」的做法，要當心輸家採取報復行動。有時解決問題的「時效」非常重要，考慮對方的願望和需求只會拖延時間，因而只好採取強硬手段。這種處理方式可能會扼殺理性解決的空間，也容易損害雙方的關係，不利長期合作。

2. 協作：堅持己見，願意合作

堅持自己立場，優先考慮我方的願望和需求，只要能滿足這個條件，再看能配合對方什麼，並盡可能滿足對方的願望和需求。這是「贏家對贏家」的策略，雙方都願意打開心胸、坦然配合，努力釐清各自的立場，並盡量去異求同發展雙贏的可能。協作是最具建設性的處理策略，較不會傷害雙方關係，也有助於培養互信。

3. 迴避：不堅持己見，拒絕合作

把衝突放到一邊不去處理，寄望隨着時間的流逝而淡化問題，雙方都採取忍耐的態度，有一點「隨你去吧，我懶得理你」的味道。這是「輸家對輸家」的做法，因為雙方都無法滿足自己的願望和需求。採取迴避型策略的人不喜歡處理衝突，甚至會無所不用其極地逃避衝突。如果是小問題，這可能是很好的策略；然若是大問題，越是逃避，越會累積彼此的不滿，遲早會引爆更大的衝突。

4.退讓：不堅持己見，願意合作

以對方的方式解決問題，可以滿足對方的願望和需求，犧牲的是我方的願望和需求。這是「輸家對贏家」的方法，通常處於我方對衝突感到十分不安，試圖藉由快速讓步以盡快結束衝突。不過，一味委曲求全並非解決衝突的良方，因為對方可能會產生「得寸進尺」的心態，還可能扼殺一個「更具創造性」的解決方式。

5.妥協：適度堅持己見，適度合作

由於雙方的願望和需求不會完全相同，彼此各退一步，透過談判找一個都能夠接受的解決方案。這是折衷手段，讓雙方都能獲得部分滿足。這種方法可以使雙方保持互動關係，尋找一個相對合理，彼此都能夠接受的解方。這種方法沒有贏家也沒有輸家。

弱國面對衝突的策略，首重沒有贏家也沒有輸家的「妥協」，次為雙贏的「協作」，再為輸家對輸家的「迴避」，而後是輸家對贏家的「退讓」，至於贏家對輸家的「強迫」，基於現實條件幾乎不可能。因而弱國在衝突的過程中，想要成為贏家唯一的可能是「協作」，也就是堅持己見，願意合作。這種操作需要高度技巧，成功性不高，所以弱國應盡可能避免「威脅」狀態演變成「衝突」狀態。

萬一不幸進入衝突，五種策略看起來容易，實際操作卻很困難。首先是對方可能不按照你的反應出牌，打亂了你設的「局」——想要「強迫」，對方不屈不撓；想要「退讓」，對方步步進逼。總之這個世界沒有那麼單純，人心貪婪、險惡非常，接下來甚至連採取哪一種策略都難以決定。其次，簡單的衝突，雙方的願望和需求可能很明確。但假如衝突面太廣，牽涉的因素太多，自己人都可能拿不定主意。這時主其事者不妨冷靜下來，客觀理智地朝三個方向思考：尊嚴、利益、安全。

尊嚴無價。也因為無價，所以沒有一個參考標準，說應堅持就必須堅持，說能退讓也就能退讓，取捨全然在一念之間。至於利益，講起來勢利，然而「天下攘攘，皆為利往；天下熙熙，皆為利來」，這句話道盡了人性。如今財富是衡量成敗的標準，一個人如果有錢，通常可贏得別人的尊重；一個國家如果富裕，多半擁有較高的國際地位。當然，解決衝突最不能違背的大原則是安全。安全的重要性猶如身體的健康。沒有健康，人生一切歸零；沒有安全，繁華轉眼盡成空。

講到這，不難看出「尊嚴、利益、安全」三者，看似都重要，然而居於關鍵地位的是利益。沒有利益的尊嚴是虛榮，沒有利益的安全不實在。**當「尊嚴、利益、安全」無法兼顧，首先可退讓的是尊嚴，其次短期要顧安全，長期要追利益。**

（三）伐謀真義

談到處理衝突的重點，常被人們提到的是孫子兵法所言：上兵伐謀，其次伐交，其次伐兵，其下攻城。這句千古名言，明確地指出戰場以謀略取勝才是上策。伐謀讓人聯想到絞盡腦汁想出一個妙計，如此便能順利解決衝突，不必動刀動槍。又因伐謀是思想攻防，所以無須花費巨資購買軍火，世間一片祥和。

如此解讀伐謀其實是錯誤。

「謀」是籌劃、計議、圖謀、詭道、暗中算計等的總稱，這全是決策階層心裡的盤算。所謂「三軍可奪氣，將軍可奪心」，將軍的「心」就是決策階層的「謀」。伐謀的著力點在於改變對手擬定的謀略，讓他不敢打、不想打、無法打、沒有能力打，或是打錯方向、打錯目標，最終我方能以最少的代價取得最大的勝利。

上兵伐謀正確的定義是：攻伐對方決策階層的謀略，讓他在採取行動以前，清楚地瞭解他的謀略不會得逞，因而改變心意，沒有採取行動。這是一體的兩面，一面是研擬一個妙計，成功騙過對手，讓他無計可施；二是採取某些做法，清楚地告訴對手：你的計謀不會得逞。再簡單講，一個是情報欺騙，另一是行動摧毀，共同的目標是達成：改變對手擬定的謀略。

如今兩國對峙，無論是政治、經濟，或領土衝突，問題嚴重到必須使用戰爭才能解決，這時還有什麼妙計可能騙過對手？《三國誌》諸葛孔明的空城計，算得上伐謀的千古一絕，然而那畢竟是小說。現實世界，如今「指管通情」如此發達，情報欺騙的成功機率不高，因而伐謀主要靠行動摧毀，手段有兩種：

1. 摧毀行動重心

所有行動都有「重心」。重心一偏，整個行動都會垮掉。換言之，如果某個行動

「少了它就成不了事」，這個它就是行動重心。例如防疫需要疫苗、做生意需要資金，疫苗與資金就是防疫與做生意的重心。

現在回過頭來看伐謀。謀略是決策階層的計畫，也就是「將軍可奪心」。如果能夠去除計畫的「主謀」，正所謂「射人先射馬，擒賊先擒王」，那就是成功的伐謀。

例如兩伊戰爭期間，火炮專家布爾博士（Gerald Vincent Bull）以幫助伊拉克政府促進經濟為名，設計一款能夠發射衛星的超級大炮。此大炮命名「巴比倫」，重逾兩千噸，長一百五十公尺，號稱能夠將兩噸重的衛星送入太空，或是六百公斤的炮彈打到一千公里之外。

巴比倫大炮是人類有史以來製造最巨大的火炮，由於它的威力過度強大，一九九〇年三月二十二日，布爾博士在寓所外被特工使用滅音手槍連開五槍，當場結束了生命。布爾博士的死亡也終止了巴比倫大炮的研發計畫，這是典型摧毀行動重心的案例。

2. 摧毀計畫念頭

我方採取某些行動，讓敵方清楚地看到計謀的難處，明白成功的機率很低，或即使成功，也難以承擔所付出的代價，因而打消了執行計畫的念頭。

春秋戰國時期，周王是名存實亡的共主，諸侯群雄爭霸，晉國想要併吞齊國，但因不瞭解齊國現況，故派特使前往一探虛實。齊王畏懼強大的晉國，以國宴款待特使。宴會進行到一半，特使表示想喝齊王酒杯中的酒。齊王欣然同意，喚人把酒倒入特使的酒杯。特使一仰頭便乾了。侍者正要給雙方斟酒，不料坐在下方的臣子厲聲制止，喝令侍者給國王換支新酒杯再斟酒。這小動作暗示特使的酒杯玷污了齊王的酒杯。這讓特使很不高興，接著假裝酒意想當眾跳舞，並請樂師奏「成周之樂」。成周之樂是天子之樂，諸侯國沒有資格演奏，特使存心刁難。沒想到未等齊王示意，管音樂的太師就冷冷地拒絕了。

特使提出的兩個要求都是「以下犯上」，目的在測試齊國上下如何看待晉國。回國後特使建議晉王不可出兵，原因是齊國的臣子或百姓都不懼怕晉國，若堅持進攻，即使獲勝，代價也會很大。這是成語「折衝樽俎」的由來。齊國利用一頓酒席，明確表達舉國上下絕不會屈服的戰鬥意志，成功打消了晉王併吞齊國的念頭。

念頭有如火苗，萌芽階段最容易撲滅。因而要防範於未然，稍有一點徵候就應採取斷然的措施。不要等到形勢成熟，如星火燎原般不可收拾，再思撲滅之法，可能花費十倍、百倍的力氣也無法達成。

現實世界，伐謀講的是實力，沒有「打」的本事就沒有「謀」的籌碼，而且謀可能也要透過殺人流血，而不是全然和平的手段。沒有實力，也不努力強化自己實力，壓根就沒有談判斡旋的空間，只能靠拖延戰術苟且偷生，無奈地等待投降受俘的命運。

身處衝突的過程中，無論你的原始動機為何，歷史最終的評價僅僅是根據結果。和平救國到頭來若沒救成，後世會歸類為投降派，受千夫所指。即便心底的確有投降的念頭，難道不想爭取較優渥的歸順條件？果真如此，一面要積極厚植抵抗的實力，一面須擺出寧死不屈的態勢。否則，能夠免費到手的東西，誰願意付出代價？

灰色衝突若處理不當，便可能進入局部、有限的武裝衝突，這時雖距戰爭僅一步之遙，但也可能受此刺激，警覺戰爭將臨，猛然間又令雙方冷靜下來，這反而有助於和平。例如二〇一〇年三月，南韓天安艦遭到不明攻擊沉沒，儘管朝鮮涉及重嫌，然而在南韓政府冷處理的態度之下，戰爭一觸即發的危機安然度過。

兩韓處理天安艦事件的態度值得我們深思。畢竟**避戰是第一要務，因而縱然占了一**

個「理」字，有時無需太過堅持；反之如果理屈，咬著牙也要否認。許多時候戰爭的起因，是雙方都要面子，而據理不讓令對方下不了臺，勇敢承認又帶著挑釁的意味。所以天安艦事件中，南韓睜隻眼閉隻眼，朝鮮管你什麼證據擺在眼前全不承認，這豈非避戰良方？

弱國想要避戰，某些時刻必須打落牙齒和血吞，因為戰爭無贏家，和平無輸家，小不忍則亂大謀，退一步海闊天空。避戰絕不僅僅是面子之爭，更重要的是裡子。因為戰爭付出的代價，不只那些看得見的直接代價，諸如死亡、傷殘、破壞、斷垣殘壁、流離失所，更包括那些給家庭、社區、地方、國家、鄰國所帶來長遠、間接、負面的影響。例如卡內基預防致命衝突問題委員會發現，一九九〇年代初期，黎巴嫩的國內生產總值，始終比一九七四年戰事爆發前低了五〇％；安哥拉於二〇〇二年結束內戰，大約有八〇％的農田自此荒廢；蒲隆迪糧食生產本來就不足，二〇一五年政變以後又下降了十七％。

處於灰色衝突時要機靈應對。有效避戰不僅可以挽救數以千萬計的生命，還能節約天文數字般的戰費，轉投資於創造更高價值的生產，這是社會、經濟持續發展的先決條件。

三、戰爭

弱國能否避戰的抉擇通常在強國。若無法避戰，一旦進入戰爭，不管是強國或弱國，首要之務都在止戰。戰爭之殘酷、暴力、血腥，不身歷其境難以體會。也因為如此，**戰爭只應出現在解決那些「不用戰爭就永遠無法解決的爭端」**。

戰爭是一種藝術，它的勝負沒有定則，也無慣例可循；且隨著指揮者的改變，往往呈現不同的演變與結果。和平需要極大的努力與智慧維繫，戰爭只需要莽夫的失控或自私就可能開啟通往地獄的大門。

（一）戰爭的型態

人類歷史演變至今，戰爭型態依美國軍事理論家威廉．林德（William S. Lind），以及其他四位軍官共同發表的《改變中的戰爭面貌：進入第四代戰爭》乙文，概分以下四種：

1. 一代戰爭

這年代是標準的以大欺小，戰爭著重硬實力，重點在集中優勢，拿破崙時期此型態戰爭達到高峰。那時戰爭的目的在殲滅對手，「敵弱」等於「我強」，「敵敗」等於「我勝」，「敵亡」等於「我存」，戰爭是「強弱、勝敗、存亡」的零和遊戲。後來軍事科技漸進，軍隊開始運用機械打仗，不過相關技術未臻成熟，例如槍炮的射擊速度慢、精準度差，所以就運用「集中」的概念，統合兵力與火力以彌補殺傷力不足的缺點。

2. 二代戰爭

邁入二十世紀，工業革命有了具體成果。軍隊為了將武器的效能發揮到極至，同時也為了強化自身戰場的存活率，於是巧妙地結合「位置動能」和「武器效能」，這就是二代戰爭的特色。再簡單講，一代戰爭著重力量集中，二代戰爭加入速度因素。二戰時德國「機動作戰」就是二代戰爭的先行者。

3.三代戰爭

二戰以後由美國主導的戰爭進行了諸多變革，主要在兵力、火力、速度之外再注入資訊因素。美軍十分擅長三代戰爭，那是以二代戰爭為基礎，再融入資訊的優勢，以精準、遠程、匿蹤的武器為導向。

4.四代戰爭

三代戰爭結合了「兵力、火力、速度、資訊」，這讓「力量」幾乎就決定了戰場的勝敗。如此一來，大者恆大、強者恆強，弱國幾乎全無戰勝的可能。為了以小搏大，弱國只好突破三代戰爭的限制，不再以「有生」為目標，也不以「消滅」或「據為己用」為手段，而是以打帶跑的游擊戰方式，透過汽車炸彈、暗殺、偷襲、破壞、動亂等手段，將目標直接對準敵方的決策者，或對決策有影響的人物，這就是以小搏大的四代戰爭。

四代戰爭並非由前三代演進而來。從科技的角度看，它反而在倒退。四代戰爭死傷以平民居多，損毀物資亦多來自社會各角落。打一場四代戰爭不需要大張旗鼓地遂行傳統戰爭準備。以貝魯特爆炸案、九一一攻擊，以及伊拉克層出不窮的炸彈攻擊為例，遂行四代戰爭的一方「只須攻，無須防」，沒有「遠距整補」的負擔，執行任務的重點在交付「金錢」和「命令」，而這些在多數國家透過網路便可即時達成。

四代戰爭「輸」，不代表敵人贏；敵人「贏」，也不見得是我方輸。守在第二與第三代戰爭，沒有敵人威脅時才能感到舒適與安全，所以時時刻刻都以「消滅敵人」作為確保自身安全的手段。在這種認知下，爭鬥雙方經常陷入一場慘勝而不自覺，「得勝」卻未「獲利」的煙硝白骨戰。

（二）未來的演變

四代戰爭早已到來，雖然目前難以預判五代戰爭的型態，但是不妨回想三、四十年前和現況比較，再向後延伸二、三十年，腦海不禁闖入一些名詞，什麼大數據、無人載台、人工智慧、腦科學、虛擬實境、元宇宙、量子技術、被動雷達、殺手衛星、極音速飛彈、太赫茲波、超材料技術……，假如瞭解這些科技在軍事方面的用途，定然會清楚過去二、三十年戰場發生的變化，未來三、五年就可能產生同樣程度的改變。雖然世事難料，但目前可以明顯地感受到周圍的世界正在加速改變。戰爭也無例外，可預見的未來可能會出現以下變化：

1.載台與武器

一架沒有裝載飛彈的F-16，縱然自由翱翔在藍天，但有什麼意義？一艘耗盡魚雷的潛艦，即使神祕潛航於水下，功能是什麼？失去武器的載台就等同沒有士兵的將軍，英雄無用武之地。

反過來看，武器卻能脫離載台單獨存在。例如雄二與雄三都是主動飛彈，發射前只需要輸入目標的「概略位置」，發射後在自動控制下依設計路徑飛行，抵達目標區時會開啟「終端尋標器」尋找目標攻擊。這種方式稱「射後不理」，也就是一旦發射飛彈，載台無需理會，事實上也控制不了，因為飛彈本身就具備完整、自主的攻擊能力。

或是更正確地說，主動飛彈擁有全套「戰鬥系統」，從目標偵測、中途導引，到終端尋標一應俱全。從這個角度看，載台在戰時的功能只是單純的「運輸」——運輸武器至攻擊發起位置；因而F-16可視同飛彈運輸機，潛艦是魚雷運輸艦，各種不同類型的作戰艦艇都是飛彈運輸艦，差異只在運送飛彈的數量。再講白了，未來戰場載台的功能主要在

「運輸」。

另外，現今岸基戰管中心的偵測與指揮能力遠超過載台，除非戰時遭到敵人炮火摧毀，否則戰場指揮與情資傳遞，全有賴戰管中心，此現象愈益減輕載台的重要性。

2. 航母即將日落西山

航母的發跡始於二次大戰，那時電腦不存在，沒有射控系統，具備「主動尋標」能力的飛彈還未問世，傳統火炮的命中率仰賴人力目視。目視的精確度與距離成反比，也就是距離越遠，精確度越低；距離越近，精確度越高。因而如何在攻擊時拉近目標的距離，想方設法提升武器的命中率是當時作戰的優先考量。

這種背景下航母應運而生。因為航母可以縮短「攻擊發起」的距離，航母起飛的艦載機又可將武器帶到目標上方，飛行員俯衝航對目標，幾乎等同神風特攻隊的自殺攻擊，只是在拋彈後飛機再緊急拉起、脫離。此雖可大幅提升命中率，但飛行員必須冒著被擊落的風險。

今日戰場環境，因電腦科技的出現而起了翻天覆地的改變。例如巡弋飛彈攻擊距離超過數百公里，多半具備自動導引、終端尋標的能力，命中率更超過七、八成。擁有這種巡弋飛彈，作戰時為了提升武器的命中率，還需要飛行員冒著生命危險將武器載送到目標上空嗎？

講個誇張的比喻，二戰的「飛機＋飛行員＋炸彈」等於現今的巡弋飛彈。或是換個角度看，現今巡弋飛彈等於二戰時的神風特攻機，只是以智慧型電腦取代誓死達成使命的飛行員。再加上巡弋飛彈掠海飛行、超音速、精確度高、威力強，因而破壞力遠勝過神風特攻機。

華麗的載台不能殺敵，武器才能。從殺敵的視野看，一艘沱江艦可以配備十六枚主動反艦飛彈，時光如果退回二戰，等同艦載十六架威力更強大的神風特攻機，而兩者的主要差異在巡弋飛彈為一次性、可棄式用品，艦載機則可回收、重複使用。

航母在未來戰場的功能，大概就剩遠程兵力投射。然而這功能隨著反艦飛彈的日新月異，例如超音速飛彈日漸普及，終端攻擊速度接近十馬赫、垂直向下的「反艦導彈」技術成熟，航母的罩門越來越多，防衛能力越來越弱，日落西山是不可避免的趨勢。

3.無人載具興起

據二〇二二年六月，《南華早報》和《動力》網報導，中國第一艘人工智慧無人艦已通過第一次海試考驗。這艘無人艦外觀酷似美國朱瓦特級（Zumwalt class）隱形驅逐艦，排水量僅兩百噸，大小和世界最大的無人水面艦「海獵手」（Sea Hunter）雷同。

無人載台具備多項優點。最明顯的是可以減少戰場人員傷亡，其次是節省許多與戰鬥無關的設施。例如海軍無人戰艦，由於沒有官兵，所以能夠免除浴室、廁所、廚房、餐廳、住艙、舷窗、冷凍櫃、冷藏櫃、污水系統、艦內通訊系統、戰情中心等設施，並可減化淡水系統、空調系統、電力系統、艦外通訊系統等。這代表在具備同等戰力的前提下，戰艦的體積可以大幅縮小，造價因而低廉，維修成本跟著下降。此外，由於體積小，可減低被敵人偵測的機率，相對提高戰場存活力。再者，不需人員操作代表永遠不會疲累、不受疫情影響，還能夠適應更惡劣的海象。

同理可推至空軍無人戰機。除了無人戰艦具備的優點，更因沒有飛行員，所以具備較高的「抗G」能力，空中運轉更趨靈活，以致具備較高的戰鬥力。

對於陸軍，除了日趨成熟的無人汽車，主要在小型無人機。無論是偵察無人機、攻擊無人機、偵打一體無人機，可以預見這類小型、數位化、智能化、價格低廉的無人機，未來會大量加入陸軍的戰鬥序列。

早年科技落後，電腦硬體的體積太大、價格太高，自動控制還停留在科幻小說階段。如今科技一日千里，人工智慧已經從理論到試驗，進而成熟進入市場。運用人工智慧控制的無人載台，未來必成為主宰戰場的利器。當今政府高唱「國防自主」，但預算又拚不過潛在對手時，想要彎道超車，大力發展無人載台是一個可思考的方向。

4. 戰爭手段多樣化

所謂「戰具改變戰法」，隨著軍事科技的巨大改變，戰爭手段也變得多樣化。再加上掌握科技優勢就能主導戰場優勢，劣勢的弱國為求「不敗」，只能被逼得走向極端。例如九一一恐怖攻擊，蓋達組織只犧牲了十三人便成功殺死對方近三千人，同時造成美國金融與社會的重大創傷與恐慌；而且更麻煩的是，美國不可能使用同樣的方式回擊。

5.軍民難分

由於戰爭手段的多樣化，現代又有所謂「超限戰」，因而未來「軍、民」的界線會日趨模糊。好比承平時期是駭客，戰時一變就成了網軍。而這種身分的轉換，往往來自本身，而非受政府強迫。另外例如從事網路戰與認知戰的專家，平時或許只是待在家裡的兼職性質，他們不穿軍服，甚至根本不受軍方管轄。即使軍事裝備的操控，好比小型無人機，民間也有許多一流玩家，戰時可執行作戰支援任務。遑論遂行四代戰爭，在城市進行游擊戰的民兵，他們的身分到底是軍或民，可能連政府都說不清楚。

6.日漸縮編的正規軍

現代戰爭早已脫離「數量」取勝的年代，發展「重質不重量、小而精」的作戰部隊是全球的趨勢。即使近來因國際局勢的改變，許多國家感受到戰爭的威脅，在紛紛增加軍費的同時，很少國家擴大正規軍的編制。原因之一是越現代化的裝備，所需的操作人員越少。例如早年海軍三千噸左右的陽字型驅逐艦，官兵編制超過三百人；如今四千多噸的飛彈巡防艦，編制人數降到二百人左右。除此以外，戰場普遍運用無人載具也是不可避免的趨勢，因而可預見的未來，各國理應逐漸縮減正規軍的員額。

7.隨身電腦是戰士的戰場

現今軍事裝備多半是軍規、專業型，講好聽是耐震、耐壓、可靠度高，其實既昂貴又沉重，維修起來也十分麻煩。如何降低造價、減輕重量，讓維修變得平易近人，「軍民通用」就成了最佳途徑。好比說，現今隨身電腦的功能已能滿足戰鬥系統的需求，因而往日大型、笨重、昂貴、人機互動的「系統操控台」，未來將被「商用電腦＋系統軟體」取代。若能做到這一點，未來系統的硬體故障就換一台廉價的商用電腦，軟體故障就取出磁碟重新灌錄程式。因而不管戰士在家、辦公室、車站，甚至旅遊在外，只要能上網，隨身電腦一開就是戰場。

8.無限戰爭的頻率下降

現今透過社群媒體，人民的意見可即時傳播，這讓「無良政府」無所遁形，政府與人民的互信持續降低。什麼是好政府？簡單說就是讓人民的經濟更富庶，生活更自由。做不到這一點，再多的高調或宣傳，終究會被人民看破。

此外，如今是地球村，國界不再那麼重要，愛國主義的影響力越來越薄，甚至許多年輕人已經將愛國主義拋諸腦後。政府如何對年輕人洗腦，讓他們發自內心地走向戰場，謀殺那些素未謀面的人，在資訊如此發達的年代，實在不是一件容易的工作。

戰爭是過去的權力遊戲，如今人類的目標在拯救這個星球，打仗的情節偏離普世價值。除非是窮鄉僻壤，人民如井底蛙，飽受政府洗腦，只要是富裕民主的國家，很難獲得人民的支持。

9. 戰史價值日漸沒落

中國有句古諺：不聽老人言，吃虧在眼前。這句話在快速變遷的今日，考驗越來越嚴苛。例如為人父母者，若想拿自己過去四、五十年的人生經驗，規劃兒女未來二、三十年的行業，可能有說服力嗎？同樣的觀念運用在戰爭，由於戰具與戰爭型態的改變，戰史可供參考的價值越來越低。從某些觀點看，**這不是戰爭的遊戲規則改變了；而是一個全新的遊戲，定然需要制訂一個全新的規則。**

10.建軍期程越來越短

以前聽到「二十年建軍計畫」、「十年建軍計畫」，總覺得主其事者擁有過人的眼光與宏大的抱負。但隨著軍事科技的演進越來越快，這種規劃長遠的建軍越來越不切實際。昔日「線性」、按部就班的計畫，如今應以「跳躍」的方式取代。跳躍的方式具備「後發先至」的優點，卻也隱藏著「眼高於頂」的危機。如何在兩者之間取得平衡，負責規劃的官員必須十分專業，更要有腳踏實地的工作態度。

戰爭有演進的註腳，也有跳躍的意想不到。凡事有因必有果，不論是哪一代戰爭，未成形前必有徵兆，可惜絕大部分被人們忽略了。人類的思考模式太過於依據習慣，因為如此行事最簡潔方便。然而便宜行事，使得多數人身陷「當下」的牢籠，不願意回顧過去的歷史，也無法預見前方的未來。當下是現實的「必然」，歷史讓我們明白「所以然」，未來讓我們預見「勢所應然」。希望決策者應先從「敢想」、「能想」做起，再以「能做」、「敢做」落實。不論戰爭怎麼變，都是歷史的時間篩子，篩得出英雄豪傑，也篩得出酒囊飯袋。

第三章

中國

中共終有走下歷史舞台的一天，但是中國會繼續存在

「中國」是地域名稱，不是國名，早在三千年前就曾見諸歷史文獻。中國泛指華夏民族生活的「中原地區」，在這塊土地建立的政權，兩千年前叫「漢朝」，一千年前叫「宋朝」，如今則叫「中華人民共和國」。本書自此章節以後，「中國」指的是五千年悠久歷史、地域性的中國；至於中華人民共和國，由於現階段北京的政策是以黨治國，為了與「中國」區隔，因而簡稱「中共」。

縱觀人類王朝更替的興衰，沒有千年不垮的政權。不管當世如何繁榮富強，終有沒落，走下歷史舞臺的一天。也因此，如果把時間拉長、看遠，中共終將垮臺，然而中國會繼續存在。而不管中國在哪一個政權的手中，沒有哪一個領導人敢讓臺灣獨立。

誰敢，誰就是李鴻章，縱然貴為一代能臣，也只會留下千古罵名！

一、中國是好戰的民族？

明末清初，著名學者顧祖禹以畢生心血撰寫《讀史方輿紀要》，他參考數百部史籍，計算發生在中國的大小戰役，從黃帝蚩尤之戰到明代土木堡之變、倭寇入侵，共計六千一百九十二次。若再加上日後白蓮教起義、太平天國之亂、甲午戰爭、對日抗戰、國共內戰……，次數恐怕在七千次以上。如此算來，中國平均每年發生一．四次大小戰役，說中國的歷史其實就是一部戰爭史的組合，實不為過。

人類早年科技落後，軍事力量難以突破地理環境的限制，因而國界多半由高山大川所形成，例如中俄邊界的烏蘇里江，區隔中印的青康藏高原。此外，中國這片廣袤的領土遍布峻嶺崇山、名川巨泊，這些天險理應形成自然國界。二〇一六年以前，中共將中國劃分為七大軍區，軍區的設定基本上就參考了天險。換言之，若軍隊戰力受限於地理環境，中國理應形成七個國家。可是，中國自秦始皇以後歷朝歷代都在追逐「統一」的政權；如此看來，中國豈不是一個好戰的民族？

著名歷史學家黃仁宇，在其著作《赫遜河畔談中國歷史》探討了這個問題。大體而言，正由於中國領土廣袤、地勢險峻，所以容易形成大旱或洪水。再據學者姚善友從《圖書集成》與其他資料統計，中國在民國以前的二千二百七〇年期間，見諸官方報告的旱災有一千三百九十二次，水災一千六百二十一次，這還不包含蟲災。而每逢災荒，鄰近國家若不願意接濟，人民為了生存就會發生戰事。又由於中國的天災過於頻繁，所以「治災」始終是各王朝穩定統治的基礎。

如何治災？方法有許多，然而重中之重在於各地區的相互配合。例如共同疏導治水，而不是各自築堤，相互妨礙彼此的安全。又例如饑荒時統一調度與分配糧食。不管如何，與其存在許多小國，各自為了爭水爭糧導致戰火頻傳，不如形成一個大一統的強勢政權，因為中央政府統一控制的資源越多，賑災卹鄰便更有效，那才是天下蒼生之福。

地勢險峻的中國天災頻傳，因而單單是為了治災、照顧蒼生，就趨向於「打出一個」統一的王朝。

二、中國具備侵略的民族性？

一四九二年八月，哥倫布（Cristoforo Colombo）在西班牙君王的贊助下，以三艘帆船、九十位船員的規模從歐洲啟航，艦隊向西航行一千一百餘浬橫越大西洋，先後抵達中南美洲古巴、海地、多明尼加等國。他發現當地原住民非常友善，使用削尖的木頭、骨頭做武器，沒有進步的戰術，幾乎還活在新石器時代，訝異之餘，哥倫布不自禁在日誌透露出殖民者心態，認為只需要五十名船員就可以輕易征服這些島嶼，接著可以任意掠奪島上豐富的資源，大量原住民則可隨他們的喜好處置與奴役。

次年三月，哥倫布返回西班牙，興奮地對皇室進行遠航探險報告，燃起皇室征服異域，建立海外殖民地的野心。哥倫布第二次啟航時艦隊規模擴增到十七艘船、一千五百名船員，隨後在海地島建立第一塊殖民地，印地安人被課以重稅，或被驅使到金礦從事奴隸勞動，有的則被捕捉運回歐洲販賣。

哥倫布為歐洲開啟了殖民美洲的大門，然而對於美洲原住民，卻是野蠻和殘酷大掠殺的開始。十七世紀初，英國加入移民美洲的競賽。十八世紀美國脫離英國獨立，而後展開西進運動，在這個歷程中，美國統治階級不斷地血腥壓迫與殺害印第安人。

哥倫布發現新大陸以前，保守估計美洲原住民在一億人以上。其後經過西班牙、葡萄牙、英國等國的移民入侵，如今生活在美洲的原住民不超過四百萬人。

一九九一年蘇聯解體，俄羅斯從世界一等強權逐漸淪為二流國家，國內政治團體經歷多次競合，終而在二〇〇一年成立「統一俄羅斯黨」。望文生義，不難理解此政黨的政治訴求是什麼。

自從「統一俄羅斯黨」成立至今，俄羅斯經歷四次總統大選，該黨支持的候選人不僅都以高票當選，且得票率分別為百分之七十二、七十一、六十四、七十七。有什麼樣的人民就有什麼樣的政府，也難怪二〇一四年俄羅斯侵占克里米亞半島，二〇二二年出兵烏克蘭。

一個民族是否具備侵略性，歷史記載得清清楚楚。

十五世紀初，明成祖下令鄭和率領艦隊下西洋，首航為一四〇五年，前後計七次，每次平均航程約兩年，總歷時二十九年。鄭和艦隊都由兩、三百艘大小帆船，搭載官兵兩、三萬人組成，訪問三十多個國家，最遠曾到達非洲東岸、紅海、麥加，規模之大，至今人類史也不曾再現。

鄭和首航比哥倫布首航早了八十七年，如果當時明成祖眼光夠遠、懷抱壯志，以鄭和艦隊的實力，所到之處定然望風披靡。果若如此，十八世紀大英「日不落國」的傲人成就，對十五世紀的明朝而言，不過是囊中物、甕中鱉。然而鄭和艦隊不打、不殺、不搶，官兵言行幾乎等同今日的敦睦艦隊。兩相比較，說中國人酷愛和平、不具備侵略性，沒有幾分道理嗎？

中國漫漫五千年歷史，元朝是意外的篇章，來得又急又猛，淪亡之速更如電光石火。嚴格地說，元朝是蠻夷侵略中國，再轉而征服歐亞的短暫過程，在歷史上曇花一現，不應列為中國正史的一部分。

撇開元朝，中國歷代領導人，哪一個曾經表現出征服世界的野心？又有誰採取具體行動？如果不曾出現一位，原因是什麼？

鄭和下西洋的歷史告訴我們，中國有充足的「能力」征服世界，然而缺乏「意圖」。再講白了，就是「沒興趣」。

早年中國根本認為自己就是世界，其他民族全是偏居一隅的蠻夷。征服蠻夷有什麼好處？要教化他們、管理他們、養活他們，何苦自尋煩惱呢？管他去死去活，**只要「人不犯我」，中國基本對外政策就是不搭理他們。**

除此以外，中國皇權至高無上，虎視眈眈者眾，因而皇帝必須把大部分的精力耗費在防範野心分子奪權篡位。好比鄭和下西洋，不是為了敦親睦鄰，也無心宣揚國威，而是搜尋政變失蹤的建文帝——任他海角天涯，只要對皇權有威脅，上天入地都要誅滅。

皇權是首要考量，其次是「維穩」——人民不要造反、不要鬧事，個個都能安分過日子。很不幸，中國人口太多、天災頻傳，各種政治問題又太複雜，「國泰民安」四個字對中國領導人就是一大挑戰。所以不管是內在或外在因素，「以中自居」的中國領導人根本無心向外擴張。講好聽是酷愛和平，其實是家大業大，搞定內部已然不易，何苦再生事端、自尋煩惱？

三、中國的實力

如今全球經濟掛帥，探討一國的實力，首要指標就是「國內生產毛額（GDP）」占全球經濟總量的百分比。以當今世界超級霸主、經濟第一強權美國為例，二〇二一年GDP占全球經濟總量二十七．六%；排名第二的是近幾年才竄升上來的中國，占比為二十一．〇一%；而日本即使經濟失落了二十多年，仍高居世界第三，以六．〇四%緊追在後。

從以上數字不難理解，一國的GDP若占全球經濟總量的廿五%以上，那就是不得了的成就。

知道早年中國強盛時期的GDP，占全球經濟總量的百分比嗎？遠的不談，先看一八四〇年鴉片戰爭之前，清朝GDP占全球經濟總量三十二．九%。

別以為清朝是特殊時期的特例。事實上，清朝平均GDP占全球經濟總量的比重，僅居中國歷朝排名的第九位。排名在清朝之前的朝代，依序為：宋、唐、明、元、隋、漢、晉、秦。例如排名首位的宋朝，經濟實力最強大的時候，GDP占全球經濟總量的八十％！

因而從GDP來看，基督文明的兩千年期間，中國雄霸世界一千八百年。直到爆發第一次鴉片戰爭，西方列強開始如秋風掃落葉般地入侵，這才打垮了中國，也徹底摧毀了中國人的自信。

古時中國經濟實力之強大，遠非今人所能想像。

當然，這中間的部分原因是中國歷史過於悠久，早年能夠以「國家」體制和中國競爭者，全球沒幾個。好比美國建國於一七七六年，在此之前美國根本不存在於這個世界。因而中國的經濟實力雄霸基督文明的一千八百年，是又如何？

如果您也這麼認為，不妨看看二戰以後，中美經濟發展的轉變。

一九四九年中共建國，由於早期政策錯誤，搞得國家一窮二白。直到一九七九年中美建交，鄧小平採取改革開放的政策，短短十二年，中國GDP從一九七八年的三千六百四十五億元，增加到一九九一年的二萬一千七百八十二億元，足足增長了六倍。

縱然如此，中國與發達國家的差距仍然非常巨大。例如一九九一年美國GDP為六．一六萬億美元，總量是中國的十六倍，人均GDP是中國的七十三倍。

如此巨大的差距，再經過三十年發展，如今中國製造業攻城略地、勢不可擋。截自二〇一八年，中國工業產值相當於「美國＋德國＋日本」的總和。再看二〇一九年，美中貿易戰開打之初，中國GDP產值為美國的六十六．九二%。等來到二〇二一年，經歷美國兩年全面貿易制裁，中國GDP依舊成長到美國的七十七．四三%。

三十年不過是人類歷史的一彈指之間。中國經濟發展之快之猛，前所未見。難怪拿破崙曾說：「中國是一隻沉睡的獅子，當這頭睡獅醒過來，世界都會為之發抖！」

四、中國共產黨

中國共產黨是人類歷史的一支奇葩。建國後的前三十年，什麼土地改革、三反五反、大鳴大放、人民公社、大躍進、大練鋼、除四害、學雷鋒、農業學大寨、工業學大慶，還有令人痛心疾首的文化大革命，然後是上山下鄉、批林批孔、批鄧反右、林彪事件、粉碎四人幫、六四天安門……，各式各樣反科學、反自然、反人性、反民主的政策此起彼落，一而再，再而三的表現出無能統治的荒唐戲碼，丟盡了中國人的臉，傷透了中國人的心。

三十多年前我留學美國，某位中國留學生講的一段話讓我印象深刻。他既無奈又感慨地說：「面對共產黨只有兩個方法：一是消滅它，一是躲避它。我消滅不了它，只好到美國躲避它。」

那年頭擁有這種「打不過就躲避」思想的中國人有多少？是少數偏激人士，或一大部分小老百姓？

正當中共幹盡荒唐事、傷透眾人心，卻不料歷史來了個大翻轉，接下來鄧小平推行改革開放，不僅讓中國起死回生，更得以昂首闊步，短短三、四十年便從一貧如洗、封閉落後，一轉身成為威脅到美國領導地位的世界強權。

兩、三百年來飽受列強欺凌的中國，終於站了起來。長久以來存在中國人心底的中國夢，也在逐步實現之中。如今雖然仍有進步的空間，但無可諱言，現今中共的治國成就不僅空前，也可能絕後。短短三、四十年，歷史長河中的劣等生突然變成資優生，這不是奇葩嗎？

更奇葩的是，中共至今仍堅持已經被普遍認為是錯誤的共產主義。什麼是共產主義？不管能力高低、付出多少、賺了多少，所有收入大家按人頭分，每個人都能獲得相等的一份，大家共同過著幸福快樂或飢寒交迫的日子。

什麼樣的社會能夠成功、圓滿地實行共產主義？禮運大同篇「老有所終，壯有所用，幼有所長」都不夠格。那必須是一個不貪婪、不自私，人人心中充滿了博愛，大家相互信任、相互扶持的完美世界。這種世界從來不存在於地球，也永遠不可能出現在人間。

既然如此，中共為什麼還要戴著「共產主義」的大帽子？只談「主義」也罷，畢竟那是一種理想。然而在現實世界，中共掌有全國至高無上又獨一無二的權力，甚至至今仍堅持以黨治國、以黨領軍。這種「黨即是國」的稀有政治體制，對任何一個民主國家都是一種威脅，即使中共清楚宣示「永不稱霸、永不擴張」，仍讓全球對迅速崛起的中國充滿了敵意。

五、習近平

和民主國家打交道，首須研究它的制度，也就是這國家政策形成的過程。和獨裁國家或人治色彩濃厚的國家打交道，首須研究它的領導人，因為此人的一動一念，可能就是國家的政策指導。

中共是人治色彩濃厚的國家，現階段領導人習近平若能打破慣例連三任，中國將再度走入強人政治。做為臺灣的對手，中共一槌定音的最高領導人，臺北有必要瞭解他的個性。所謂三歲看大，七歲看老，個性決定命運。

習近平的父親習仲勳是中共開國元老，一生從未整過任何朋友，貼近民眾、堅持人性、敢言直言，六四民運時反對派兵鎮壓，也因此招惹鄧小平。他曾為中共立下兩大汗馬功勞，一是創建陝甘革命根據地，為中共長征隊伍留下休生養息之地。二是倡議在廣東成立深圳特區，是中國經濟起飛、現代化的推手。這兩大貢獻都是中共興衰更迭的關鍵。可是，他也兩度幾乎死於共產黨之手。一次是中共長征先頭部隊抵達陝北，紅軍極左派以肅反名義逮捕習仲勳，差點將他活埋。所幸次月主力部隊抵達，毛澤東隨即釋放了習仲勳。第二次是文革時被下放到洛陽，受到殘酷的迫害與批鬥，幾乎被紅衛兵打死。直到毛澤東下令將他接回北京衛戍區監護，事實上是一種變相保護，這才避開了文革的血腥鬥爭。

習近平是紅二代，生於富裕的環境，然而十歲時父親受高崗案牽連，被指為「反黨集團」頭子而失勢下臺，之後遭到十六年迫害。習府被抄家，習近平隨母遷居中央黨校。兩年後爆發文革。文革最激烈時習十四歲，目睹母校被紅衛兵砸個稀巴爛，自己則被歸類為黑幫子弟，遭到威脅「罪行夠槍斃一百次」，並送往少管所「黑幫」子弟學習班。他當時處境之慘，從同父異母的姊姊因為受到迫害而自殺，可以看個大概。所幸習熬過嚴厲的審查，出來時身體非常虛弱，全身都是虱子。之後回老家休息很長的時間，在大姑細心照顧下才慢慢恢復健康。

一九六九年毛澤東發起知青上山下鄉運動，為了躲避文革，習主動爭取下放到延安市梁家河大隊，卻因適應不良偷回北京，再度被關進學習班，半年後被放出來，重回梁家河，從此改頭換面苦幹實幹。十八歲，經過十多次申請才加入共產黨，年底當選梁家河大隊黨支隊書記。二十歲進入清華大學，二十四歲畢業並與柯玲玲成婚。

柯的父親是外交官，她從小跟隨父親見過世面，嚮往西方世界。一九七八年父親派任駐英大使，婚後柯遊說習移民英國。然而習堅持留在中國，兩人為此經常爭吵，終而在三年後離婚。離婚後柯移民英國，後來升任倫敦某私立醫院高級主任，也是倫敦大學的客座教授。多年前柯接受英國《僑報》訪問，提及當年移民之後的前三年，習幾乎每週都打越洋電話給她。但當時她是鐵了心，一通電話都沒接。問到對習的印象，她說習是執著、正直的人，想幹一番大事業，做事都有規劃、有步驟，可惜生活不太有情趣，也不懂得浪漫。

從清華畢業，習擔任國防部長耿彪的秘書，曾陪同老闆出訪美國，也常跟隨視察部隊。一九八二年離婚，或許深受打擊，習主動要求下鄉出任河北省正定縣副書記，一年後升任書記。他在任內推動創新政策，走遍全縣考察，大力發展旅遊業，景點的門票「年收入」就超過一千萬元。他對上級政策雷厲風行，例如結育，全縣四十萬人就有三萬一千人做了絕育手術，三萬人安裝避孕器。

一九八五年習升任廈門市副市長，兩年後與彭麗媛結婚。直到調回中央以前，整整十七年都待在臺灣對岸的福建省工作，與臺商接觸頻繁，曾以「青山遮不住，畢竟東流去」形容兩岸交流趨勢，也多次提倡「閩臺」合作。

二〇〇二年習調回中央擔任浙江省副省長，隨後接省委書記，在任期間延續以往調研習慣，提出「八八戰略」、「五大百億工程」，重視民生發展和產業結構調整，吸引外資並增強民間資金流動。二〇〇六年浙江省城鎮人均可支配收入超過一萬八千人民幣，農民人均收入超過七千人民幣，排名均占全國各省第一。二〇〇七年調任上海市委書記。二〇〇八年當選中央政治局常委、中央書記處書記、中央港澳工作協調小組組長。二〇一二年升任中共總書記兼軍委會主席，成為中共最高領導人。

縱觀習的成長環境與經歷，大致可歸納他的個性如下：

1.念舊知恩：離婚後柯移民英國，前三年習幾乎每週都打電話。那年頭打越洋電話十分麻煩，即使柯一通都不接，他也能堅持三年，念舊之情與毅力皆非尋常。另外，習經歷文革的血腥與鬥爭，理應深惡痛絕，進而否定發動文革的毛澤東。如今他大權在握，對毛卻採取肯定的態度，莫非是感恩毛曾兩度救了他父親？

2.胸懷大志：習與柯結婚時在文革結束後三年，當時中國一窮二白，看不到任何希望，再加上柯的父親時任駐英大使，能夠拒絕「愛妻」的移民要求，甚至鬧到離婚，不管從什麼角度看，習對國家的大愛遠遠超過個人小愛。或許習的出身不同，從小家教森嚴，懂得壓抑內心的感情，凡事以民族大義為依歸，以致落得柯「生活不太有情趣，也不懂得浪漫」的批評。

3.毅力過人：從習推動結育的成果來看，他採取的是何等霹靂手段！這還是他初踏進官場，權力有限的時候。再看他掌權至今推動的反貪，到二〇二一年五月，立案審查的案子超過三百八十五萬件，查處約四百零九萬人。如果查處幾千、幾萬人，可能是排除異己的鬥爭。當處分高達四百餘萬人，這不是整斥官場腐敗風紀，什麼又是？或許誠如柯玲玲所言，習是「執著的人，做事都有規劃、有步驟」，一旦決定了就是霹靂手段，而且一往直前。

4. 從文革吸取的教訓：文革是中共高層權鬥，禍及全民的血腥鬥爭，習身歷其境，必然深有體會。中國自古有「寧為雞首，不為牛後」的思想，官場為了爭權，拉幫結派、相互傾軋的內鬥史不絕書。再加上中國是一盤散沙，若沒有一個政治強人，官場山頭林立、相互掣肘的結果不就如今天的臺灣？**如何團結全民，上下一心投入國家發展？兩個條件，缺一不可：一是強人政治，二是此強人能夠引領全國邁向正確的方向。**或許習從文革體會出了這個道理，所以試圖打破中共領導人任期限制，成為繼鄧小平之後的政治強人。而他給中國指出的方向，是中華民族偉大復興的中國夢。

如果以上分析正確，未來習施政重點與優先順序如下：

(1) 鞏固自己一槌定音的權力，而且必須續任到完成中華民族偉大復興的時刻。

(2)確定中共以黨治國，實施中國特有的社會主義制度。
(3)全力推動經濟發展，源源不絕地供給國家向前邁進的動能。
(4)繼續大幅建軍，確保在成為強國以後，能夠應付來自其他野心國家的挑戰。

六、中華民族偉大復興

有一首流傳在華人圈的歌曲叫《龍的傳人》，道出中國人始終自許為龍的傳人。中國人之所以如此自豪，因為數千年來中國始終「以中自居」，其他國家都是偏居一隅的不文明小國，只有堂堂中國為全世界最富強、最文明的國家。直到一八四〇年鴉片戰爭，清朝戰敗後國運急轉直下，接下來百餘年備受列強擄掠、侵占、燒殺、凌辱……，幾乎到了亡國滅種的絕境。曾經是俯視世界的巨人卻受到如此屈辱，中國可能在人類史上絕無僅有。中國終於明白西方的船堅炮利，開始仰視西方；西方世界也習慣於對中國指指點點。

直到鄧小平成為中國的政治強人，並為中國指引改革開放的正確道路，中國才起死回生，逐漸站立起來，並迅速擠身世界強權之林，這難免喚醒長久以來埋藏在中國人心底的「中國夢」。習近平適時、巧妙地運用了這個夢，登高一呼誓言要做到中華民族偉大復興。

二〇一二年十一月十五日，習近平接任中共中央總書記，同月二十九日帶領其他六名新一屆政治局常委，前往坐落在天安門廣場東側的國家博物館，參觀名為《復興之路》的中國近現代史展覽。這是他們首次在人民大會堂以外的地方集體亮相，大有深意。參觀完以後，習刻意站在《復興之路》展板前強調：「中國夢」凝聚了幾代中國人的夙願，體現了中華民族和中國人民的整體利益，是每一個中華兒女的共同期盼。他接著補充：「歷史告訴我們，每個人的前途命運都和國家和民族的前途命運密切關連。國家好，民族好，大家才會好。」

從此「中國夢」便成為習近平的治國理念，全國宣傳中國夢的活動鋪天蓋地，從黨政機關到企業，從媒體到學校，從國內到國外，遍布各階層、各領域。全民心裡都清楚：我們需要習近平引領中國「圓夢征程」。不同於毛澤東、鄧小平、江澤民和胡錦濤等中共領導人，他們習慣以意識形態為施政主軸，習近平卻提出了訴諸情感的「中國夢」。既然稱之為「夢」，便有無限的想像空間，很難加以具體化。這給了習近平很大的施政彈性，因為中國夢的內涵必須隨著形勢發展和現實需要而不斷擴充、不斷改變。為了實現中國夢，習著手推動包括反腐倡廉，以及全面推進「依法治國」等改革，迅速集黨政軍大權於一身，成功帶領國家機器有效地運轉成為經濟、軍事，以及科技巨獸。

七、中共武統意圖

兩岸關係的決策者，除了北京與臺北當事雙方，毫無疑問，最關鍵的第三者是華盛頓。如果沒有美國在背後為臺灣撐腰，沒有美國過去六、七十年對臺灣國防的協助，兩岸早已統一，如今世界只剩下中華人民共和國。因而要研究中國武統意圖有多麼強烈，或是說多麼浮而不實、心口不一，首先要檢視美、中關係。

（一）中美外交起手式

美國與中國「大使級」以上官方正式接觸，始自一九七一年美國國家安全顧問季辛吉（Henry Alfred Kissinger）祕密訪問北京。

季辛吉是國際知名政治學均勢理論大師，深獲總統尼克森信任。一九七一年七月，以總統特使身分祕密訪華，此行他的主要任務有安排尼克森次年訪華、推動中美關係正常化、請北京給北越壓力，讓美國從越戰泥淖中脫身、聯中制俄，給美國冷戰中的主要對手蘇聯施加壓力、促使蘇聯放緩核軍備競賽、討論南亞激烈衝突中孟加拉國獨立問題。

季辛吉任重道遠，遠赴北京執行尼克森所稱的「波羅行動」，意指此行像七百年前馬可．波羅造訪東方一樣，充滿了不可預知的困難和風險。

七月九日中午，季辛吉一行秘密抵達北京。首日會談在當日下午四點半，地點為釣魚臺五號樓，雙方分坐在一張鋪著綠色臺布的桌子兩旁。周恩來的兩邊是葉劍英、黃華、章文晉，季辛吉的身旁是美國國家安全委員會的三位官員。作為東道主周恩來，先給季辛吉上了一門歷史課：從一九五五年萬隆會議開始，中美兩國大使級會談整整進行了十五年，卻從來不曾改善中美關係的僵持，兩國外交的拖沓不決，根本原因在於「美國沒有解決臺灣問題的誠意」。周恩來明確地指出：美國大使總是說願意先一步步解決小問題，雙方再逐漸達成共識。而中方則不斷強調，只有首先解決根本性問題，才能最終解決所有問題。因此，我們的立場總是有分歧。周恩來於是提出：既然尼克森總統自就任以來就不斷地表達，願意同中方解決根本問題的意願，那麼我們何不首先談談臺灣問題呢？

季辛吉是談判高手，見狀便轉移話題，提到日本駐軍的問題。周恩來接口便談到

《開羅宣言》和《波茨坦公報》，有關日本投降後臺灣歸還中國的規定。他對季辛吉堅定地指出：要承認中國，美國必須無條件地這麼做，必須承認中華人民共和國是中國的唯一合法政府，毫無例外。這就如同我們承認美國是唯一合法政府，不認為最後一個州夏威夷，或者長島是你們領土的例外。臺灣是中國的一個省，已經歸還中國，是中國領土不可分割的一部分。接著順著這個話題，周恩來要求：美國必須在一個有限的時間內，從臺灣和臺灣海峽撤出全部的軍事力量，拆除所有軍事設施。

對於尼克森和季辛吉而言，儘管料到同中國領導人的會談，臺灣問題是一個不得不接過的燙手山芋。然而，他們始料不及的是，這個熱山芋竟然被拋出得如此之早、如此堅定、如此有力！這讓季辛吉十分意外，在之前中美大使級會談，以及幕後聯絡管道與中方的溝通，季辛吉非常篤定：中國之所以接受美國對華主動的政策，並且做出積極回應，目的不在於從根本解決「臺灣問題」，而在於同美國建立一種對抗蘇聯威脅的國際態勢，解決中國的安全問題才是北京最關心的事務。季辛吉主觀斷定：中國在臺灣問題上的態度將會相當靈活。直到這時他才明白，這種判斷完全錯誤。顯然臺灣在中共領導人心目中的地位，遠比季辛吉預想得要複雜許多。

面對周恩來提出的要求，季辛吉坦承自己有些措手不及，他表示：「我注意到，總理的評論超出了我們先前聯絡中交換的意見。」周恩來回答：「這是因為，如果要交換看法，每一方都必須把對問題的全部看法說出來。」

在臺灣問題上，美方的立場和策略究竟為何呢？季辛吉來華之前，尼克森親自審查了季辛吉準備的資料，令他最為不滿的是對臺灣問題的表述，他認為立場「不夠強硬」。尼克森指示道：不到迫不得已，不要表達我們放棄支持臺灣的意願。……與中國人會談，不能讓人看起來我們在出賣臺灣。此外，不要在開頭就直白地談美國在臺灣問題上已經決定了什麼，或是不再需要在臺駐軍，而是要強調「尼克森主義」的原則，表明美國沒有必要在某個地區永久駐軍。總之，應當讓中國人感到美國在臺灣問題上做出讓步的意願是「捉摸不定」，不能看起來像是「拋棄了老朋友」。尼克森還向季辛吉提出了「掛鉤」策略：「我們在臺灣駐紮的六千名士兵，直接與我們在南越的作戰行動相連。所以，如果越戰問題解決了，臺灣駐軍也就不再需要了。」言外之意是，如果中國想要美國從臺灣撤軍，那麼中國領導人必須對北越領導人做點功課，協助美國盡快「體面地」結束越戰。

季辛吉很精確地理解尼克森的意思，會談中巧妙地向周恩來提出：「關於臺灣問題，可以分為『臺灣和臺灣海峽的軍事問題』，以及『臺灣和中華人民共和國政治關係演進』兩個部分。」周恩來察覺出隱藏在其中的內涵，直截了當地表示：「這不同於我們的看法。我們堅持，我們同臺灣的關係是中國的內部事務。」並重申中方根本立場：「如果要在中美兩國間建立關係，美國必須承認中華人民共和國是中國的唯一合法政府，而臺灣是中國領土不可分割的一部分，必須回歸中國大陸。在這些前提下，美蔣條約將不復存在。」

兩天的會談過程中，周恩來從頭到尾都在臺灣問題打轉。每當季辛吉把話題拉出去，周恩來總是委婉、技巧地把話題又引回來，再再表示：若不能徹底解決臺灣問題，你提的所有問題都不必談了。最後在周恩來的步步進逼下，中方要求季辛吉對以下五點聲明明確表態：

1.承認中華人民共和國政府是代表中國人民的唯一合法政府。
2.承認臺灣屬於中國。
3.不支持「兩個中國」或「一中一臺」政策。
4.不支持所謂的「臺灣獨立運動」。

5.不再提「臺灣地位未定」。

季辛吉表示：除了第一點，其餘四點可以在不遠的將來實現。並且保證尼克森在訪華時會向毛澤東重申：「我們不支持臺灣獨立運動，不支持一個中國、一個臺灣，不支持兩個中國的解決方案。」而「臺灣屬於中國」這一條，季辛吉認為其他三點滿足之後，這一點自然就實現了。「因此，只有一點要等到我們大選之後，當兩國正式建交，這就等於正式承認中華人民共和國是中國的唯一合法政府。」

隨後在周恩來的追問下，季辛吉再次重申美國政府對於臺灣獨立運動的態度：「我們不會給予任何支持，無論是直接的還是間接的。我們不能為沒有美國參與、沒有美國支持的事情負責，因此，我們不會以任何形式支持它。我重申，如果您有任何關於美國支持它的情報，請告訴我，我會立即制止。」

七月十一日，季辛吉臨行前的最終會談，周恩來再次提到臺灣問題，除了前述五點要求，另外附加兩點：第一，中美建交時，美國和蔣介石政府簽訂的《美臺共同防禦條約》必須廢除；第二，針對日本，美國必需承諾，美軍撤離臺灣之前，不能讓日本軍隊進駐臺灣；同時要控制日本，絕對不可以參與「臺灣獨立運動」。

以上史蹟歷歷可考，那是中美高層外交的起手式。如今過了半個世紀，臺灣問題依然是中美關係的頭等大事。

二〇二〇年六月，美國國務卿蓬佩奧（Michael Pompeo）在夏威夷會見「中共中央外事工作委員會辦公室主任」楊潔篪，中方的開場白是：「世界上只有一個中國，臺灣是中國不可分割的一部分。一個中國原則是中美關係的政治基礎。」

二〇二一年六月，美國國務卿換成拜登任內的林布肯（Antony John Blinken），他主動以視頻連絡楊潔篪。楊潔篪清楚地表示：「臺灣是中國的生死命脈。丟了臺灣，不管是什麼政權，在中國大陸都沒有立足之地。每一個真正的中國人，都會為臺灣流盡最後一滴汗、灑盡最後一滴血。這就是臺灣對於中國的意義。」

二〇二一年七月一日，中共在北京天安門廣場舉行建黨百年慶祝活動，習近平致詞時強調堅持「一中原則」、「九二共識」，推進「和平統一」進程，並要「粉碎任何台獨圖謀」。他也警告外來勢力別妄想欺負中國，否則將在十四億多中國人血肉長城前「碰得頭破血流」。

（二）寸土必爭或法統之爭？

對於一個不瞭解中國歷史的外國人，季辛吉很難理解：臺灣有那麼重要嗎？說土地面積，不過是中國的〇．四％；講人口數量，只有一．六％。早年中國一貧如洗，還可以說中共貪圖臺灣這塊肥肉，如今臺灣GDP僅占中國的四％；地理位置亦遠不如麻六甲海峽或蘇伊士運河，那是「攻者所必取、防者所必守」的戰略要地。「每一個真正的中國人，都會為臺灣流盡最後一滴汗、灑盡最後一滴血」的關鍵原因是什麼？

想要找到答案，得回頭看一個歷史故事。

中國五千年漫長的歷史，領導人向來都忽略海權經營，唯一的例外是明成祖朱棣。他上任的第三年，下令鄭和率領龐大的艦隊下西洋。當年朱棣若有心征服世界，簡直就是探囊取物。但是明朝對征服世界毫無興趣，也無心敦睦邦交，耗費天文數字般的巨資，前後長達二十九年的七下西洋以後，突然一改國策，嚴格實施「片板不許下海」的海禁一百九十三年。前後如此巨大的轉變，原因是什麼？

朱棣是明朝開國皇帝朱元璋的兒子。朱元璋建立明朝，朱棣被封為燕王。一三九八年朱元璋駕崩，皇太子朱標早逝，故而由皇太孫朱允炆即位。朱允炆為鞏固皇權，聽從大臣建議削藩，身為皇叔的朱棣憤而以「清君側，靖內難」的名義起兵。這場史稱「靖難之役」的戰火延燒了三年，一四〇二年朱棣大軍攻入應天府，一場大火燒了宮城，皇帝朱允炆下落不明，叔叔朱棣登上皇位。

由於民間盛傳朱允炆流亡海外，叛亂起家的朱棣心裡不踏實，唯恐有一天朱允炆回來爭奪皇位，遂派遣從小就在身邊長大，且跟隨他南征北討、有勇有謀的鄭和籌組艦隊，七下西洋的首要任務就是搜尋朱允炆的蹤跡。

從這段史實可知，中國歷代歷朝，即承皇位的正當性，或是說「法統」傳承極其重要。例如朱棣攻入南京，登基前做了四件事：

1.宣布朱允炆已死。

2.前往太祖朱元璋陵廟祭拜，以示自己為正統。

3.將朱允炆手下五十多位大臣列為奸臣，表面上在「清君側」，實為「徹底清除朱允炆人馬」。

4.由於是清君側，所以不能殺「正主」，但必須斬草除根，只好先殺盡所有宮女，因為她們可能懷了龍種；再將朱允炆的兩個兒子囚禁了十幾年。

中共領導人或許和朱棣的心態類似。他們靠叛亂起家，趕走了一寸山河、一寸血，辛苦打贏抗日戰爭的中華民國，就法統來說「名不正，言不順」。當年朱允炆只是不知去向，朱棣便殫思竭慮，不惜以傾國之力，上天下海地追捕朱允炆。如今中華民國不僅健在，而且就在海峽的對面，還是世界自由民主的標竿。這對叛亂起家，如今仍以獨裁方式統治中國的共產黨而言，他們的內心如何能夠踏實？

如果中華人民共和國是中國的法統，中共就勢必消滅中華民國。反之，只要中華民國存在一天，質疑中共法統地位的華人就存在。除此以外，臺灣自由、民主、人權、平等、法治等各方面，與一海之隔的中國形成極為鮮明的對比。臺灣的存在，直接威脅到中共的穩定統治，因為許多中國知識分子的心底必然藏了那麼一個聲音：同樣是中國人，為什麼臺灣可以，我們不行？

臺灣是獨立或回歸，跟中國小老百姓的生活有什麼關係？日出而作，日落而息，中國人的生活不就是如此？演變到今日，每天能悠閒地喝個早茶，吃幾道茶點；中餐清簡地填飽肚子，睡個回籠覺；晚餐和家人溫馨地喝幾杯、享用幾道豐盛的菜餚，不就是所有中國人嚮往的生活？每一個真正的中國人，都會為臺灣流盡最後一滴汗、灑盡最後一滴血

——這句話，對生活在中國的小老百姓有說服力嗎？

八、武統的最後期限

影響戰爭的因素千絲萬縷，預測何時會發生是一個大膽的嘗試，且須設下諸多前提。也就是：如果滿足某些條件，戰爭才可能在某時間發生。若無前提，那是天馬行空，武斷臆測，準確度和看相卜卦沒多大差別。

對於北京武統最後時限的預測，首須滿足以下五個前提：

1.中共對外沒有爆發類似韓戰的大型戰爭，對內沒有掀起類似文革的血腥鬥爭。
2.國際間不曾發生大規模、死亡嚴重的疫情。
3.中國經濟持續穩定的成長。
4.習近平打破中共領導人任期限制，成為繼鄧小平之後的政治強人。
5.臺北沒有跨越北京設定的武統紅線。

假如未來世局的發展能滿足以上前提，待時間來到二〇三二年，當習近平幹完第四任，依「中華民族偉大復興」的藍圖，基本上可以確定中國已進入全面小康社會，解放軍也已現代化。這時習近平傲人的成就如下：

1. 人類歷史從不曾出現一個國家，養活如此眾多的人口，讓人民至少生活在小康之境。
2. 人類歷史從不曾有一個領導人，掌握如此巨大、富庶的國家機器，時間超過二十年。
3. 帶領中國從貧困落後、缺乏自信的處境，昂首邁入俯視世界的強權。

僅僅這三項，習近平的歷史地位便超越唐太宗、漢武帝、孫中山、毛澤東、鄧小平……，中國五千年漫長的歷史，誰與爭鋒？不難想見，二〇三二年習近平若能連任，他在中國必擁有一槌定音的無上權力，在人民心目中也具備神祇般的崇高形象，然而他過去所有的承諾與期許，仍有一項，也只剩下這一項尚未實現：中華民族偉大復興的中國夢；這個夢還缺少一小塊拼圖——臺灣。

統一臺灣是北京神聖不可侵犯的大業，也是每一個中國領導人念茲在茲的重責大任。當時間來到二〇三二年，誰敢容許臺灣繼續在中國管轄權之外？那時習近平八十歲，與今日美國總統拜登同齡，大權在握整整二十年，北京是否武統，不就在他的一念之間？

習近平是人，不是神。面對名垂青史、建立一生功勳的大好良機，他會選擇抓住或放棄？

除非中共沒有武統的能力，否則沒有一個領導人可能放棄。也因此，**北京武統合理的推斷，最晚的期限將會是二〇三二年。到了這一天，縱然臺北想以「不獨」換取北京「不武」，恐也難以如願。**屆時中、美兩強在世界的影響力如何？兩岸經貿緊密到什麼程度？臺北與北京的互動是冷或暖？北京融合民族大義的以商促統、以武逼統，還會像今天這般困難嗎？

九、武統可能採取的軍事行動

戰爭是一隻不可控的妖獸，一旦釋出，生靈塗炭。因而不管哪一個年代、哪一個領導人，當他動念發動戰爭，為了縮限戰爭的規模，理應依序思考以下三個因素：

1. 戰爭目標是什麼？

2. 擬定的行動是朝戰爭目標「接近」或「遠離」？

3. 如果接近，可以考量採納；反之遠離，不管表面上看起來能夠達到什麼效益，全是惹事生非、畫蛇添足的敗筆。

很簡單的三個原則，重點在戰爭目標。戰爭目標要明確、濃縮、聚焦，如此才能集中力量、鎖定目標，以最小的付出得到最大的收益。

以武統而言，戰爭目標不在血洗臺灣，不為掠奪資源，更無意摧毀臺灣的基礎建設，而是逼迫臺北坐上談判桌，進而接受北京提出的一國兩制。再簡單一句話，**武統的戰爭目標是：逼迫臺北接受一國兩制**。

此處的「臺北」，不是臺灣的民意，而是坐在臺北總統府開會的國安團隊。因而北京在決定發動武統，思考要採取什麼行動時，首須研究的問題是：臺北國安團隊會屈服嗎？

「屈服」沒有絕對，必然因人、因事、因時，以及國際環境而不同。再以現階段軍事專家的研判，中共武統手段可能有「海空軍事威懾、遠距聯合火力打擊、奪取外島、海空封鎖、三棲登陸」等五種，這中間哪一項可能讓臺北屈服？

昔日此類話題的辯論，由於立場不同、參考資料不足，經常流於雞同鴨講。如今有了俄烏戰爭，現實世界清楚地呈現在我們眼前，武統不管採取什麼行動，可以預見會衍生以下四種狀況：

1. 美國竭盡所能醜化、打壓中共，此也將加速推動在印太成立類似「小北約」的反中聯盟。

2.在反中聯盟的支持與國際聲援下，想要臺北屈服絕非易事。

3.原本臺北只是與華盛頓站在一起，一旦發動武統，不管軍事行動的目標為何、兵力是大或小，臺北勢必與華盛頓緊緊綁在一起。

4.臺北將密不透風地進行認知戰，除透過《國安法》加強對媒體與網路的監控，也必然會實施戒嚴以全力打壓統派勢力。

只要北京發動武統，不管採取前述五種行動中的哪一種，這四種衍生狀況都會出現。倘若中共無法做到首戰即決戰，隨著時間流逝，任由這四種狀況發酵，北京是距戰爭目標越來越近，或越來越遠？想清楚了這個問題，會明白「海空軍事威懾、遠距聯合火力打擊、奪取外島、海空封鎖」都不會是武統的選項，因為它們耗時太久，衍生的問題越來越多，也越來越嚴重，只會把戰爭目標越推越遠。撇開以上行動，不就只剩下三棲登陸？

這也是為什麼「武統不動則已，動必直指臺灣」的原因。

或是更正確地說：不動則已，動必直指臺北。

第四章

臺灣

如果明末鄭成功沒有渡臺，今天臺灣不會屬於中國的版圖

「臺灣」和「中國」一樣，是地域名稱。它是「中華民國」下轄最大的一個島嶼，占政府現今有效管轄面積的九十九%，所以是中華民國主權的象徵。也就是，只要臺灣還在北京管轄之外，即便丟失澎湖金馬等外離島，中華民國仍然沒有被消滅，統一的使命也就沒有達成。

一、臺灣在統獨議題的歷史背景

十六世紀初哥倫布發現新大陸，開啟歐洲「領土大擴張」時代。當年荷蘭和西班牙雖然在南洋各擁有商業地盤，然而對閉關自守的中國，卻不得其門而入，於是澎湖和臺灣淪為他們爭奪的獵場。

荷蘭首先採取行動，但受制於葡萄牙勢力，將目標轉向澎湖，分別於一六〇四、一六二二年兩度占領澎湖。明朝派兵出擊，交戰因不分勝負而議和。明朝稱：「只要退出澎湖，如去占領對面的化外之島臺灣，則無異議。」荷蘭因而退出澎湖，並於一六二四年入侵臺南安平。

這段歷史如今看起來不可思議，但那時臺灣人口稀少，且大部分為原住民，是道道地地的化外之地。至於澎湖，除了地理位置比較接近中國，四周更有豐富的漁場，早在南宋時代便有漢人移民，並從此納入中國版圖，歸屬於晉江縣管轄。南宋理宗寶慶元年（西元一二二五年），宗室趙汝適著《諸蕃志》中明確指出「泉有海島曰彭湖，隸晉江縣」。

荷蘭占領南臺灣，威脅到西班牙對日本和南洋的貿易，引起西班牙的不安。一六二六年西班牙出兵占領淡水，在今天的紅毛城原址建立聖多明哥城，展開與荷蘭在臺灣的殖民競爭。經過十六年對峙，在嘉南平原擁有米糖優勢的荷蘭，最終於一六四二年趕走了經濟居於下風的西班牙。

一六六一年，標舉「反清復明」的鄭成功圖謀恢復明朝未果，率領兩萬五千大軍渡海。明鄭登陸臺南，圍攻赤崁城。當時荷蘭守軍一千四百人，奮戰九個月，最終彈盡糧絕而出降。鄭成功死後，其子鄭經繼位，自稱臺灣為「東寧王國」，實為明鄭王朝的延續，也是臺灣史上首次出現的漢人政權。

一六七九年，福建總督姚啟聖與巡撫吳興祚合奏，提議請荷蘭出兵聯手滅明鄭，而後再將臺灣歸還給荷蘭。康熙批示「依議」，並派特使團到荷蘭東印度公司建立的殖民地巴達維亞（今雅加達），要求派遣艦隊協助進攻台灣。東印度公司總督以無人統兵為由拒絕。一六八〇年鄭經病逝，明鄭內部陷入權力鬥爭，清朝見機不可失，派遣施琅率軍二萬進攻，雙方在澎湖水域會戰，清軍先敗後勝。消息傳回臺南，明鄭無心抵抗而降，東寧王國自此覆滅，結束在臺二十二年的統治。

施琅攻台，康熙的本意只在消滅叛軍，然後「遷其民而棄其地」。那時臺灣人口連同移民與原住民不過二十萬左右，相對於人口超過一億的清朝，康熙曾表示「臺灣僅彈丸之地，得之無所加，不得無所損」，朝中亦有多位大臣反對將臺灣納入版圖。因而一六八三年七月，施琅攻台後接見俘虜Alexander van Grevenbroek，請他帶信給位於巴達維亞的東印度公司總督，詢問是否有意願花錢買回臺灣？

一方面由於東印度公司沒有回覆，另一方面是康熙猶疑未決，平臺有功的姚啟聖、施琅因而陸續上書，主張納臺灣為版圖才能根除陳年已久的海寇騷亂。施琅更力陳臺灣對於鞏固東南海防的重要性，且表達外國勢力諸如荷蘭等屢屢對臺灣之覬覦野心。康熙唯恐施琅自恃功臣，據臺擁兵自重，遂諮詢閩籍老臣李光地的意見。李光地大致贊同施琅的保臺疏議，但為了避免地方坐大，故提出駐軍三年輪調一次的「班兵制度」。康熙這才首肯，於一六八四年將臺灣設置為「府」，隸屬福建省，正式納入清朝（中國）版圖，此時間足比澎湖晚了四百五十九年。

對於廣袤富裕的中國，臺灣偏處一隅，天然資源缺乏，氣候炎熱多雨，生活條件不及中國沿海省分，加以海峽天塹，正常情況下沒人會想移民。因而清初對臺灣實施「陸禁」與「海禁」，兩岸只開放福建廈門與臺南鹿耳門對渡，移民政策為「不許偷渡來臺、不許攜眷來臺、不許粵民來臺」，這「三不」政策的出發點都在防犯臺灣成為反清勢力的滋生溫床。後因北臺灣逐漸開發，才分別於一七八四年和一七八八年，先後開放鹿港及八里坌（新北市八里區）為通商口岸。

十九世紀中葉以後，清朝接連面對鴉片戰爭、英法聯軍、太平天國之亂而自顧不暇，難以用心經營臺灣。直到同治十三年（一八七四年），日本進犯臺灣爆發牡丹社事件，朝廷掀起一場「海防與塞防之爭」的議論，之後才有沈葆楨主導南洋海防。一八七五年，沈葆楨受命出任臺灣海防欽差大臣，考察後上奏建議，為落實「開山撫番」政策，應解除有關臺灣的各種移民禁令，隨後獲得朝廷准許。

一八八四年清法戰爭，法軍除封鎖臺灣海峽，並一度攻占基隆、淡水、澎湖。戰爭結束後朝廷體認到臺灣的重要性，遂將臺灣的行政編制提升為「省」。首任巡撫為淮軍將領劉銘傳，他曾於清法戰爭中率軍擊退占據臺灣的法軍。劉銘傳上任後積極推動臺灣發展，例如建置電報、電燈、西學堂、郵務、媒務……，並於一八九一年開通基隆至新竹的單軌鐵路。可惜好景不長，一八九四年清廷甲午戰敗，次年簽訂《馬關條約》將臺灣與澎湖割讓給日本，結束清朝二百一十二年的統治。

《馬關條約》割讓臺灣，日本指派樺山資紀擔任首任臺灣總督。樺山在甲午海戰時為海軍軍令部長，是日本艦隊戰場最高指揮官，由於戰功彪炳，因而奉派擔任臺灣首任總督。樺山得知臺灣反日民情，心知不可能和平接收，於是調派駐於旅順大連，本預計攻擊北京的近衛師團轉進臺灣。此時臺灣人心惶惶，部分官員與士紳成立「臺灣民主國」。日軍兵力有混成支隊、近衛師團、混成第四旅，以及第二師團。臺灣軍民奮起反抗，終而爆發乙未戰爭。

乙未戰爭又稱日軍征臺之役、臺日戰爭，是臺灣軍民為捍衛「臺灣民主國」的戰爭。其中「乙未」指爆發戰事的一八九五年（乙未年）。當年五月二十九日日軍登陸基隆，六月十四日轉進臺北、十月二十一日攻入臺南，到十月二十三日宣稱控制全臺，先後投入近五萬兵力，並造成臺灣反抗軍至少一萬三千人戰死。乙未戰爭為臺灣史上規模最大、歷時最久、戰況最慘烈的戰爭，當時幾乎全民參與，其中尤以客家族群最力。

甲午戰敗，清廷一紙《馬關條約》棄臺不顧，臺灣淪為日本殖民地。日本統治臺灣期間稱臺灣人為清國奴，那是極度輕視的字眼，別的不談，臺灣人想要當兵都沒有資格，因為堂堂皇軍看不起臺灣人。直到一九三七年，由於日本逐漸擴大的戰爭面，兵源問題益趨嚴重，這才在全臺推動皇民化運動。皇民化就是從語言、文化、教育、宗教等方面徹底改造臺灣人，讓他們效忠日本天皇，進而願意為日本上戰場。

可以這麼說，日本殖民臺灣期間從不曾把臺灣人視為自己人，直到四十二年以後為了戰爭需求，這才開始推動皇民化運動。然此運動也僅僅實施了八年，一九四五年太平洋戰爭結束，日本無條件投降，臺灣重歸中國屬地，皇民化運動無疾而終。

二、臺灣的統獨意識

不同身分背景的臺灣人閱讀前述臺灣簡史，好比原住民、清初移民、一九四九年隨政府撤退來台的移民，看完以後可能會有不同的心情，因而衍生出不同的統獨立場。每個人依據自己的背景、站在自己的角度，總認為自己的認知才是真知灼見；其他與自己不同的想法，不是投降主義就是數典忘祖。也因此過去四、五十年，臺灣內部對於統獨從不曾在某一時、某一刻，產生過一個共識。未來不管北京使用何種手段，開出何等條件，想要臺灣人對統獨產生唯一的共識，可能難如登天。而不管在哪個年代，由於先知的看法和大部分人不同，所以都是孤獨的。另外，若處於以票數決勝的民主社會，先知還注定了是失敗者。臺灣是民主社會，政權由一人一票的選舉決定。因而臺灣未來會走向統一或獨立，不是個人的真知灼見，而是大部分人民的選擇。

一九四九年政府撤退來臺，那時臺灣的居民，也就是後來所稱的「本省人」約六百零九萬人。隨同政府來臺的國軍號稱六十萬大軍，加上軍眷、行政官員、學生、一般百姓，總數約一百三十萬人，他們被統稱為「外省人」。臺灣現今人口超過兩千三百萬人，原住民占二．六％，外省族群約十三％，其餘超過八成都屬早年移民臺灣，歷經清朝與日據統治的本省人。**由於本省人所占的比例最高，因而從民主臺灣的角度看統獨，首先應考量本省人的背景與想法。**

中國五千年歷史悠久漫長，清朝以前和臺灣幾乎沒有互動。即使到了十九世紀，道光年間曾任臺灣「道員」的徐宗幹，表示由於臺灣「地理位置孤懸海外，上級監督不易」、「派駐官員不黯臺灣通行話，上下溝通困難」、「官員俸祿過低，容易收受賄賂」、「辦公經費匱乏，官員有心無力」，以致朝廷始終未能有效管理臺灣，這才造成「三年一大反，五年一大亂」的混亂現象。

所謂「有錢好辦事，沒錢萬事難」。清朝對臺灣的經營態度，可從臺灣的行政編制看個大概。一六八四年臺灣納入清朝版圖，編制為「府」，隸屬福建省。省有省的預算，府只能從「省」的預算分一部分。這種分一杯羹的無奈，遂導致臺灣道員徐宗幹所言：辦公經費匱乏，官員有心無力。直到一八八五年，臺灣納入清朝版圖後兩百零一年，臺灣才升格成「省」。省的預算與府大不相同，臺灣首任巡撫劉銘傳這才有財力推動地方建設。可惜短短十一年，一紙《馬關條約》便又將臺灣從中國版圖中送了出去。朝廷是何等「無心經營臺灣」，由此可見一般。

一來朝廷無心，再者官員也無意。那年頭官員若被派往沿海省分，猶如被「下放」處分，遑論臺灣隔了海峽天塹，豈不比「下放」更慘？這情形類似當年我在海軍服務，同仁皆視調派金馬外島為畏途。因而清朝官員只要有能力、有關係，絕不會被派往臺灣任職。實在推拒不了，心不甘情不願地渡海上任，某些人抱持「我就是山大王」的心態橫徵暴斂；某些人雖胸懷理想，然化外之地得不到朝廷金援，難以施展抱負，閒蕩日久致心灰意懶；當然，也有極其的少數，例如康熙年間擔任「諸羅縣」（今嘉義一帶）知縣的周鐘瑄，任內為當地賑災、修學、創城、建廟、清稅、興水利、修志等做出重要貢獻。然而，能夠堅其志、苦其心、勞其力的畢竟是少數，臺灣人對三年輪調一次，清廷駐台官兵的普遍印象是官箴敗壞、貪污盛行、吏役擅作威福，人民積壓久了便容易激起民變。

清朝統治臺灣兩百年期間，臺灣可考民變紀錄，根據許文雄〈十八及十九世紀臺灣民變和社會結構〉乙文統計，總計為一百零七次；其中更曾發生三次嚴重，幾乎擴及全臺的大型民變，史稱「清朝三大民變」，分別是一七二一年朱一貴事件、一七八六年林爽文事件，以及一八六二年戴潮春事件。年代雖然不同，但過程幾乎如出一轍：

1.臺灣在十八世紀中葉以後，移民已逼近兩百萬人。駐臺清軍從早期一、二千人，到後期三、四千人，人數明顯偏低。又因天高皇帝遠而疏於訓練，以致戰力低落；復由於待遇不佳，時有聚賭鬥毆、騷擾民婦、強佔民舍之事。

2.為了有效管理地方，防止民間武裝械鬥衝突，官府要求豪族組建民團性質的「團練」，主要在協助維護地方治安。這種寓兵於民的制度，慢慢發展成民間武裝集團，終而形成尾大不掉的禍患。

3.不管豪族實力有多強，終究是「民」，遇到「官」，還是低一層。倘若官府不知收斂，長期欺壓的作為刺激到有勢力的豪族，忍無可忍則無須再忍。而一旦某豪族武裝起義，各地紛紛響應，動亂迅速擴大，短時間內叛軍可達數萬人，實力懸殊的駐軍迅速潰敗。

4.朝廷逐步增派軍隊渡海平亂，最終規模也達數萬之眾。本來是一場勢均力敵的消耗戰，但叛軍組成複雜，除了原本就隱藏在閩粵、閩客、泉漳，以及漢族與原住民之間的基本矛盾，各大豪族為了爭利或奪權，從開始的明爭暗鬥，到後來的相互攻伐。

5.清軍善於見縫插針，對內鬥不休的叛軍或攏絡利誘，或威脅恫嚇，終而借力使力平定叛亂。

6.朝廷追究責任、論功行賞，某些豪族從此覆滅，某些豪族受封官銜、官職，或獲得土地、單項專賣等特權。

7.一個動亂的時代結束，一個休養生息的時代開始，有功豪族因為經濟利益增加，實力日漸壯大，直到有一天因受不了官府的僚氣與欺壓，於是在眾人的鼓惑下再次揭竿而起。

設身處地為本省人想一想，從幼時懂事開始，祖輩、父輩講述的都是「官欺民」的故事，他們對外來政權會產生什麼印象？好不容易二戰結束，把臺灣視為殖民地的日本走了，滿心歡喜迎來嚮往已久的祖國，回歸的日子還不滿兩年，接著就發生波及全台的二二八事件。

二二八事件仿佛是「清朝三大民變」的翻版。再一次，外來政權欺壓本省人所激發的動亂，迅速擴及全台。儘管這段不堪回首的歷史迄今猶有爭議，然而不可諱言的是，它種下了至今仍在滋長，且日益茁壯的獨立種子。

其實對大部分本省人而言，由於長期受到朝廷漠視，國家是誰他們根本不在乎。管他是荷蘭、西班牙、明鄭、清朝、日本，或中華民國，不同國籍有什麼重大的差異嗎？他們要的是一份尊重、一份關懷、一份將他們視為「自己人」的認同；而非高高在上，以統治者的身分與心態出現，把臺灣視為囊中物、階下臣，對臺灣人指指點點、吆五喝六。若要責罵今日支持獨立的本省人數典忘祖，請問歷朝歷代的中國領導人，誰曾經把臺灣掛念在心頭？誰又曾經珍惜、照顧，認真經營過臺灣？

三、兩岸和平統一的機率

誠然，臺灣超過八成的本省族群未必都支持獨立，但是反過來，近十五%的外省族群也未必全支持統一。特別是外省族群經過七十餘年在地生活，喝臺灣水、吃臺灣米長大的外省第二代、第三代，透過教改以及政府鋪天蓋地「仇中、反中」的認知戰，已慢慢發展出各自的統獨觀。統獨思想的消長，最明顯的指標是民調。依據「臺灣民意基金會」提供歷年的民調數據，隨著時間演進，支持獨立的比例越來越高，支持統一的人數日漸下降。而截至二〇二二年四月，支持獨立的比例超過五成，支持統一者僅約一成。

除了統獨消長的變化，另一個值得統派警惕的是「臺灣人對自己國籍認同」的民調，同樣依據臺灣民意基金會的資料，認為自己是臺灣人的比例越來越高，認為自己是中國人

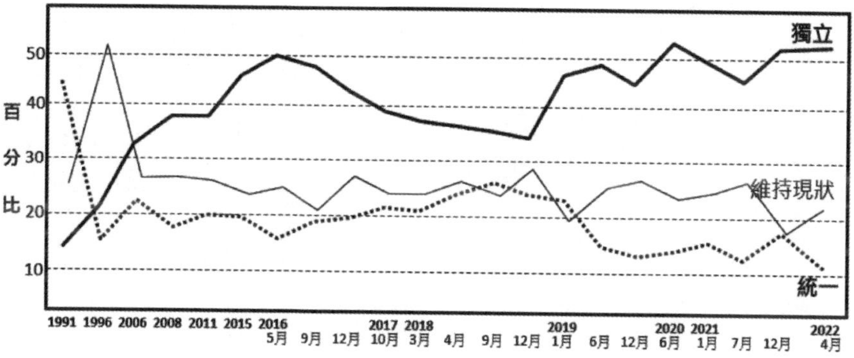

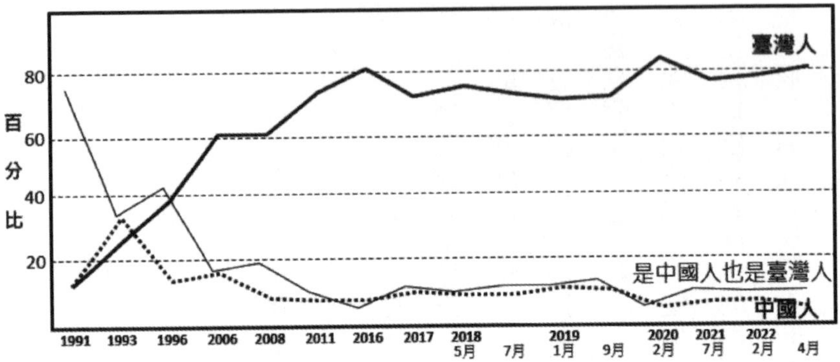

的比例則在低檔盤旋。再依二〇二二年四月民調，有八成認為自己是臺灣人，五．三%認為自己是中國人，「既是臺灣人也是中國人」雙重認同的則為一成。

前述兩項民調的數值雖有差異，但基本的變化趨勢一致，那就是統派日漸凋零，獨派日趨茁壯。而發展到二〇二二年四月，「獨立」的支持度是「統一」的五倍，認同自己是「臺灣人」的比例，更遠遠超過「中國人」十六倍之多。

當然，民意似流水，統派也無須過度悲觀，因為每一樁重大事件都可能影響民調結果。好比政府防疫成果、俄烏戰爭、美國態度、中共環台軍演，甚至當戰爭迫在眉睫，基於生死存亡的威脅，可能徹底翻轉民調。不過，承平時期民眾內心的真實想法，絕對值得我們關注與警惕。

另外，解讀上述兩個圖表的曲線變化，有兩個有趣的現象。其一是統獨消長的「死亡交叉」，幾乎都出現在一九九六年左右。一九九六年臺灣進行第一次總統大選，中共為了影響選舉，發射四枚短程常規導彈飛越臺灣海峽，對臺灣民心造成極大震撼。統獨在此時間點出現死亡交叉或許是歷史巧合，也或許是臺灣人不吃這一套。再從李登輝當年得票數獨占鰲頭，是排名第二民進黨的二・六倍，北京應從中領悟些許心得。

曲線變化第二個有趣的現象，是二〇〇八至二〇一六年國民黨執政期間，兩岸外交休兵，官方、民間、學界互動頻繁，如此和諧的氛圍，竟也出現獨派勢力迅速增長的吊詭現象。

的確吊詭，一九九六年北京來硬的武嚇，統獨出現死亡交叉；馬英九執政時期改成溫情呼喚，獨派勢力依舊壯大。這豈不代表硬的不行，軟的無效，兩岸和統無望，武統勢在必行？

二〇二二年六月，國民黨主席朱立倫訪問美國，在美國智庫布魯金斯研究所接受「自由亞洲電臺」訪問。朱主席的發言有四個重點：一、國民黨從來不是親中政黨；二、國民黨從創黨開始到歷任執政，即便在野都是親美立場；三、九二共識是創造性模糊，是沒有共識的共識；四、提出積極備戰的國防政策，包括調整軍事投資強化不對稱戰爭，軍購在優先因應未來五到十年的突發事件。

朱主席的主張和民進黨有何不同？或許他是為了牽就臺灣主流民意，畢竟贏得選舉，取回政權才是正途，否則再多的理想都是空談。可是，先不論機率高低，果真國民黨贏回政權，也能夠緩解兩岸緊繃的局勢，從此統派勢力便能壯大，獨派勢力因而衰減？

以現況而言，由於臺灣的本省人超過八成，認為自己是「臺灣人」，不是「中國人」的比例也超過八成，因而**不管哪個政黨執政、哪個人擔任總統，想要臺灣甘心情願地接受統一，幾乎是不可能的任務**。這個「不可能」，不是政治制度的不同，也不在兩岸物質生活的差距，而是大部分臺灣人不願意臣服於「高高在上」的外來政權之下。試看獨派街頭運動，常看到的口號是「要做臺灣國的主人，不做外來者的奴隸」，因為三百多年來臺灣人受夠了外來「高貴族群」的頤指氣使，如今好不容易拚到當家做主，所以不管他們的執政能力是令人稱許或失望，是政治廉明或弊案叢生，他們終究是「自己人」。只要是自己人，就只問立場，不問是非。也因此，不管年金改革、轉型正義、開放萊豬、關閉中天、假學歷，甚至關係到人命的防疫口罩、疫苗、快篩之亂，民進黨一連串失去人心的施政，仍無法有效提升國民黨的支持度。「統消獨長」是臺灣目前的大趨勢，任誰在短時間內都難以逆轉。

四、務實面對武統

——對一個被征服的人而言，唯一的安全就是不要希望安全

和平正慢慢遠離兩岸，戰爭在逐步進逼。渴望當家做主的臺灣人必須認清，假如不想「被統一」就勢必面對武統。這沒得選擇、無從逃避，必須務實面對。

（一）臺灣的實力

與中國相比，臺灣雖是彈丸之地，但實力不容小覷。例如二〇二一年，臺灣GDP排名全球第二十二。二〇二二年一月的外匯存底，臺灣為五千四百八十八億美元，全球排名第五。再看軍力排名，由於不同機構的計算標準不一，臺灣的排名雖有波動，但大致在二十名左右。此對照臺灣人口排名全球第五十六，土地面積排名一百三十七，前述三項「數字」的表現，說臺灣是「小巨人」絕不為過。

不幸的是，強弱、大小不是絕對，而是對比。以二〇二一年GDP來看，臺灣僅為中國的四．四二％。至於外匯存底，臺灣約為中國的十六．八九％。再依據軍事網站《全球火力》公布的「二〇二二年軍力排名」，中國第三，臺灣二十一。

「二十一」對上「三」雖然有點落差，但若瞭解同樣一份資料，烏克蘭的排名為全球第四十二，俄羅斯為第二。再看「四十二」對上「二」的俄烏戰爭，打到目前難分難解的跡象看來，如果「數字會說話」，兩岸戰爭誰勝誰敗，似乎還在未定之天。

真如此嗎？天下沒有白吃的午餐，想要怎麼收獲，先看怎麼栽。根據二〇二二年四月，瑞典斯德哥爾摩國際和平研究所（Stockholm International Peace Research Institute）發布全球軍費支出的報告指出，中國二〇二一年的軍費支出為二千九百三十億美元，足足為臺灣的二十三倍。

其實，二十三倍並不可怕，可怕的是軍費支出的「增長比例」。例如二〇〇二年至二〇二一年，臺灣的軍費支出幾乎在原地踏步，中國則是持續向上。兩者的差距從二十年前的大約兩倍，如今擴大到二十三倍。假如相同的變化繼續下去，能夠預估十年、二十年以後，中國的軍費支出將會是臺灣的多少倍嗎？

臺灣有可能大幅提高軍費支出，藉以和中共一搏高下？講一個殘酷的數字供大家參考。臺灣海軍目前擁有二十六艘大型戰艦，其中最年輕的是將近三十歲的康定級艦；至於海軍的夢想神盾級艦，過去二十餘年持續爭取，不管是外購或自製，迄今沒有成果。反觀中共海軍，最近九年內建造的大型戰艦超過一百一十艘，其中六十多艘屬於神盾級。兩相比較，即使臺灣人全都勒緊褲帶，大家省吃儉用拚國防，最終也只可能是辛苦地追別人的車尾燈。更何況，以臺灣的民意，哪個政黨敢公開支持年年大幅增加國防預算？

（二）臺灣人的鬥性

臺灣的軍事實力無法和對岸相比，但戰爭勝敗不全然取決於「硬實力」。例如美國在阿富汗整整打了二十年，最終取得勝利的卻是塔利班。和美軍相較，不管是人數或裝備，塔利班小而又小、弱而又弱，之所以能夠獲勝，靠的是阿富汗人民頑強的鬥性。換言之，若是臺灣人擁有與阿富汗人一般的鬥性，中共何懼之有？

臺灣人具備頑強的鬥性嗎？

一個族群具備什麼樣的鬥性，那是上帝的安排，基本上可參考以下三個因素：

1. 謀生技能

獅子凶狠，原因是食物會逃、會反抗，若不凶狠，何以維生？綿羊的食物是嫩草，不會移動，不會反抗，經過億萬年演進，自然培養出溫馴可愛的羊性。因而一個族群具備什麼樣的鬥性，首先要看他們依靠什麼技能維生？

遊牧民族逐草而居，必須與人獸爭地盤，還要和嚴苛的大自然對抗，所以善騎善射、嗜殺，日久養成侵略的個性；又因常吃肉，以致高大壯碩、孔武有力。反之務農民族習慣了日出而做、日落而息，帝力於我何有哉的穩定生活，所以個性保守，不善搏命，再加上少吃肉，以致身材瘦小，戰鬥力不足；戰時別說上戰場，單單是每天「移防來、移防去」，就可以折騰掉他們半條命。我是海軍，對這點深有體認，因為軍艦「戰時」與「平時」的環境差別不大。年輕時奉派至陸軍參加演習，擔任「艦炮連絡官」，每天隨著部隊四處移防，住宿於野地，睡到半夜經常被凍醒，起床後首先就要面對到哪裡去盥洗的天大問題。這段刻骨銘心的經驗，日後讓我想起陸軍演習就肅然起敬。

2.生活環境

物質生活越是艱困的地區，人民的鬥性越是頑強，為了一處水源、一塊耕地，就可能與鄰居拚個你死我活，正所謂「窮鄉僻壤出刁民」。反之，長期生活在安逸、富裕的環境，由於對生活的眷戀，上戰場的意願必然低。「生於憂患，死於安樂」，講的就是這個道理。

中國近代戰爭史，表現較佳戰力的三個省分為廣西、湖南、四川。廣西遠離中原，經濟文化水平相對落後，曾一度被稱為「南蠻之地」。湖南地處長江中游，東南西三面環山，境內有四條大河，是標準「山水相交」的崎嶇地形，不利耕作和交通，潮熱多雨的氣候又容易引發天災與疫疾，自古就是艱困之地。四川雖是富庶的「天府之國」，卻也因為富庶，所以為兵家必爭之地；另外四川是多民族匯聚區，民族衝突頻發，因而為了應付外來族群的侵犯，或是取得對內衝突的勝利，四川人養成了驍勇善戰的個性。

再簡單一句話，生活在艱困地區，人民為了活下去，必須養成「與天爭、與人鬥」的頑強個性。

3.居住緯度

居住在赤道附近，由於氣候炎熱，動不動就流汗，人民懶得勞動，日久養成慵懶、順天知命的習性。緯度逐漸增加，溫度日趨下降，人民比較勤勞。再往高緯度移動，氣候變得寒冷，運動才會讓身體產生熱能，人民勤於工作，因而具備充沛的精力。也所以，寒帶國家如朝鮮、俄羅斯，人民比較凶悍；熱帶國家如肯亞、坦尚尼亞、尚比亞、安哥拉、剛果、衣索比亞等，由於人民順天知命、不善抵抗，容易引發外來強權殖民，或內部野心分子獨裁。

再假如國家鄰海，擁有綿長的海岸線，一大部分人民就必須依靠狩獵捕魚為生。他

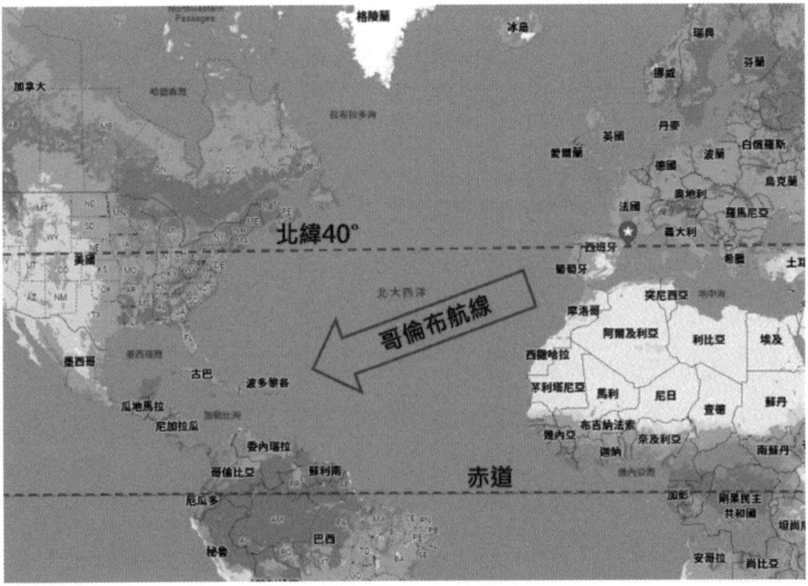

們的生活方式類式遊牧民族，差異只是騎馬或坐船。前一張圖可清楚顯示緯度對民族性的影響。自哥倫布發現新大陸，開啟歐洲殖民美洲的歷史，所有「侵略成性」的國家幾乎都在北緯四十度以上。

歷來偉大的思想家對氣溫都有深刻的感觸。例如亞里斯多德（Aristotle）認為，地理位置、氣候、土壤影響民族特性與社會性質。大衛・休謨（David Hume）則說：一個國家越是接近熱帶，人們的情感越是溫柔。法國思想家博丹（Jean Bodin）講得最直接：北方寒冷，人們的體格強壯而缺少才智；南方炎熱，人們有才智而缺少精力。

生存是鬥性的關鍵，如果勝者活，敗者亡，鬥性必強。從上述三個標準來衡量，臺灣即使不屬於後段班，也絕不居於前段班。故而面對六次外來政權，臺灣並未發生可歌可泣的反抗史，唯一讓歷史有點驚豔的是反抗日本的乙未戰爭，然而時間也只持續了六個月，遠短於臺灣原住民武力抗爭的二十年。

敢打敢拚敢殺，不是嘴巴上講一講，而是上帝寫在骨髓裡的遺傳基因。拿乙未戰爭和現今的臺灣相比，原住民不再以狩獵為生，曾經經歷戰爭的民眾也垂垂老矣，安逸生活七十多年以後還有多少人能夠居安思危，願意和中共正規軍打一場腥風血雨的戰爭？想到過去六次台灣人面對外來政權的表現，誰能寄予厚望？

（三）臺灣人的鬥志

決定人民戰鬥力的因素有二，一是與生俱來的鬥性，二是受環境激發的鬥志。固然「願不願意」上戰場不決之於人民，但若能真心誠意地發自內心，效果必強於「被迫」。

當戰爭來臨，國家面臨被外來政權統治的危機，人民是否願意拿槍上戰場，通常會考慮以下三個因素：

1. 小我：敵人來了以後，我可能被殺、被關、被姦淫擄掠，或是成為亡國奴，過二等公民的日子。人不為己天誅地滅。當嚴重損及自我利益，人民會勇於拚命。

2. 大我：出於保國衛民的使命感。這份勇氣除了「大我」意識，更重要的是對政府的支持。支持一部分來自於從上而下的教育，但更關鍵的是從下而上、人民發自內心的擁戴。因為人民不願意失去一個大有為的好政府，迎來一個倒行逆施的爛政權。人民是現實的，政府是好或爛的衡量標準很簡單：

(1)誰能讓人民更有錢？

(2)誰能給人民更多的自由？

3.可能戰勝：政府提出一個方法，特別是國防部擬定一個具有說服力的戰略戰法，讓人民能夠感受：我有可能獲勝、存活、成為英雄，而不是廉價地被送上戰場當炮灰。

以上三個因素放諸兩岸，情況如下：

(1)倘若臺灣被統一，基於一國兩制的原則，所有人的生命、工作、財產都會受到保障。再假如是透過談判達成的「和平統一」，別說一般小市民，甚至公務人員的工作與待遇都不會受到影響，唯一可能改變的是他們的職稱。

(2)過去二十年，中國平均薪資增加了十倍，臺灣在原地踏步。北京目前雖不夠民主，但日漸開放，早已不是昔日的鐵幕。反觀臺灣，近幾年政府逐步控管媒體輿論、限縮人民自由，長期照此趨勢發展下去，可能不久的將來，兩岸民主的程度不相下上。

(3)兩岸如果發生戰爭，依現今國防部擬定的「制空、制海、遠程攻擊」戰略，國軍有信心戰勝嗎？

如果人民上戰場的意願不高，不要責問基層百姓貪生怕死，高層官員應反躬自省：我們是一個受人民愛戴的好政府嗎？國防部擬訂了一個可能會勝的戰略嗎？

（四）不要撩撥潛在敵人

多年前計劃前往中南美洲旅遊，幾個人開車自由行，負責規劃的是移民中南美洲的朋友。趁著他回國探親，大夥商量出遊細節，討論到一半，他提醒中南美洲治安不好，某些地區可能會碰上帶槍的盜匪。聽到這，我脫口而出：「你可以找到槍嗎？」他微一楞，不以為然地反問：「你想隨身帶把槍，碰到匪徒的時候跟他們拚命？」

一語驚醒夢中人，我當場明白拚命是錯誤的想法。假設我拚贏了，打死或打傷匪徒，接下來要怎麼處理後續問題？更別說拚輸，我被打傷或被打死。

和匪徒拚命，不管是輸或贏，我都是輸，這是下策。什麼是上策？斷絕匪徒行搶的念頭。或是更正確地說，不要撩撥匪徒的貪念，好比錢財露白、身穿名牌西裝、手戴勞力士鑽表等。假如匪徒很清楚犯罪得不到他想要的錢財，他還可能行搶嗎？

面對可能爆發的武統，臺北最主要的目標是避戰；而避戰的首要，是不要撩撥中共，讓北京有武統的藉口。為達此目的，臺北應積極塑造「和統有望」的氛圍，因為有望才不會絕望。一旦絕望就有可能採取激烈的手段。至於「有望」與「氛圍」的定義非常不明確，甚至只是一種假象，然若能讓對手產生期待，就可以發揮維持現況的效果。別忘了運用之妙，存乎一心。

（五）採取不對稱作戰

「大吃小」是戰場求勝的原則，千古不變。因而當兩國對峙，首先應研究雙方戰力誰大誰小、誰強誰弱？這也是本書第一章的主題。如果己方為「大」，且超越對手甚多，只要集結優勢兵力，不遲疑、不手軟、不犯錯，直指敵方戰略重心全力攻擊，勝利便手到擒來。**「大」期望對手採取「對稱作戰」，也就是我用什麼，你用什麼；雙方不躲不閃、精銳盡出，正大光明地在戰場全力拚搏，因為先拚光家底的必然是「小」。**

若不幸屬於「小」，首先要切記：敵人期望你做什麼，你就不要做什麼。至於強敵會期望你做什麼呢？請回頭看前面那一小段。由於對稱作戰必敗，所以必須採取「不對稱作戰」。

什麼是不對稱作戰？基本上要掌握以下三個原則：

1.研究敵、我的長項在哪、短處是什麼？然後竭盡所能「以己之長，攻彼之短」。

2.作戰全程要等待適當時機，尋找適當場域，一旦在「局部戰場」形成「大」，則動於九天之上，全力採取攻勢；其餘置身「小」的場景，盡可能採取守勢，藏於九地之下以保存戰力。

3.攻擊敵人的作戰「能力」，而不是「有生戰力」。作戰能力是後勤支援、民心向背、軍心士氣、武器裝備等的總集合。選擇敵方最弱的一項，在最恰當的時機與場域，針對這個「點」全力攻擊。

三個很簡單的原則，現實環境卻不易決斷，因為面對不同的敵人，戰法與戰具都會有顯著的不同。例如眾所周知刺針飛彈是不對稱作戰武器，然若掌握空優，面對的敵人也沒有直升機，它就不屬於不對稱作戰武器，因為戰場根本不需要刺針飛彈。另外，中、短程戰術導彈是中共應付美國航母戰鬥群，以小搏大、區域拒止的不對稱作戰武器；然若用於台海戰場，則搖身一變成為以大欺小、精準打擊的遠程攻擊武器。

（六）防衛重於攻擊

假如你是戰國時代領兵四十萬的大將軍，奉命攻打守軍只有兩萬的城池。當大軍開拔到目的地，發現城外建有三道「護城河＋城牆」，一道緊貼著一道，請問你還會堅持使用武力攻城嗎？

若是我，縱然手頭的兵力是敵方的二十倍，也會猶豫，因為強攻不僅勝負難料，而且就算勝，必也會付出慘痛的代價。所以我很可能放棄攻城，改採斷水、斷糧、勸降之類的心理戰。

準備嚴密、組織強固的防衛可能比進攻更有效。為落實此觀念，國軍籌建的武器與裝備，必須以鞏固本島防衛作戰為優先。本島防衛作戰的重點是什麼，從自己的角度，三軍基於本位主義多半各說各話。但假如能換個角度，從敵人的立場看同一個問題，答案便呼之欲出。

例如一架F16可以購買一百二十枚，射程超過兩百公里的天弓二型防空飛彈。潛艦國造第一艘原型艦的預算，可以建造一百艘，分別搭載兩枚雄二或雄三的飛彈突擊艇。倘若台海爆發戰爭，敵戰機飛行員會畏懼一架F16，或一百二十枚弓二飛彈？敵戰艦艦長會擔心一艘不知芳蹤的潛艦，或一百艘難以偵測，總數高達兩百枚的攻艦飛彈？

時代變了，臺灣已放棄反攻大陸、收復山河的神聖使命，也沒有攻城略地、征服異邦的野心。單以本島防衛作戰而言，如何以有限的財力達到最高的效益，設身處地想一想敵人的心境，答案再明顯不過。

（七）擬定適切作戰計畫

戰爭是硬實力的對決，軍隊的重要性不言可喻。也因此，未來臺灣無論是選擇統一或獨立，建軍備戰都是重中之重。不幸的是，臺灣的國防預算遠不及對岸，想要贏得勝利，國軍面對的將是一場幾乎奇蹟般的逆轉勝。

戰爭何其複雜，探討逆轉勝的方法幾本書也說不清楚，本書只概述擬定作戰計畫時所應考量的原則：

1. 必須面對的現實

(1)兩岸不可能拉近軍事投資的差距。

(2)國際不可能以軍事力量介入台海戰爭。

(3)凝聚兩千三百萬人民的共識是不可能的夢想。

這三個「不可能」是臺灣必須面對的現實，忽視其一，擬定的計畫恐如水月鏡花，難以落實。

2. 考量第一擊可能造成的戰損

為了占據「道德制高點」，讓臺灣贏得全球聲援，台海戰爭勢必由中共發動第一擊。以現今中共各式導彈的數量、射程、精準度、破壞力，所有大型、固定式軍事目標，例如雷達站、飛彈基地、機場跑道、軍港等，很可能都會遭受到嚴重的破壞。這時耗費幾千億巨資籌購的F16戰機還能升空嗎？若無法升空，必須透過F16才能發射的「空對地飛彈」又有何用？

臺灣不可能先發制人，除了沒有這種戰力，更可能引來慘烈的報復，且因為是「戰爭發動者」，將難以獲得國際支持。臺灣若必須承受第一擊，戰時與平時的環境會有很大的差異。不預想第一擊以後可能面對的環境，建軍只是承平時期的理想，有如空中樓閣，華麗卻不實用。

3.弱勢防衛戰的特性

防衛戰的特性是「敵人一定來，而且距離越來越近」。弱勢的重點在集中力量，不可備多力分、貪功起釁。從這兩個觀點看，「遠程打擊」是戰略錯誤。因為使用傳統武器進行遠程打擊，不管攻擊什麼目標，破壞力有限，都無法嚇阻北京武統的決心。又因遠程武器的造價遠高於中、短程，因而國軍每增加一分遠程打擊力，勢必減弱三、四分近程防衛力，此有違「集中力量」的大原則。

另外，集中力量的目的在發揚火力。**為了將臺灣防禦優勢最大化，首先應濃縮戰場，其次要重點防禦，最後則是在來犯部隊最脆弱的時候集中火力實施打擊。**國軍擁有各式先進武器，射程由遠而近。假設戰時敵登陸船團逐漸向臺灣接近，過程中我們應「逐次攻擊」，或在適當距離「集火攻擊」？

國軍早期的戰略是聚焦於整個海峽，透過逐次攻擊消耗敵戰力，這做法有違集中力量的大原則。試想敵船團向臺灣接近，當距離進入兩百公里，首先遭遇「空對海」飛彈攻擊；等距離再縮短三、四十公里，接著是「海對海」飛彈攻擊；然後再拉近二十公里，又要面對「陸對海」飛彈攻擊，也就是在朝臺灣接近的過程中，隔一段時間分別要面對某一種武器攻擊，這就是逐次攻擊的基本概念。

至於集火攻擊，例如在距離一百公里以外，國軍不採取任何攻擊行動，所有部隊藉地形掩護，機動分散躲藏。等敵船團進入一百公里，乍然間發射所有射程超過一百公里的飛彈，其密度可能是「逐次攻擊」的四、五倍。倘若敵船艦能夠存活，並繼續向臺灣航進，當距離近到離岸三、四十公里，所有近程飛彈與長程多管火箭系統再度集火攻擊。上述「逐次」或「集火」就敵人的立場，逐次較容易應付，理由如下：

(1)所有武器系統都有飽和攻擊的上限；超過此上限，防衛束手無策。事實上，飽和是「非對稱作戰」的重要手段，而「群湧」（swarming）近年則被視為深具飽和攻擊潛力的戰法。

(2)戰場間不容髮、危如累卵，若處於束手無策的飽和攻擊，犯錯的機率大增，慌亂間你來我往的攻擊與防衛，誤擊友軍的機會必然增加；又因為「擔心誤擊」，猶豫之餘致延誤戰機，或在急迫中下達錯誤的決定。

(3)對於機動分散的敵人，很難採取積極的攻勢作為；然若對方展開攻擊，勢必曝露其陣地位置，也就賦予我方還擊的機會。因此國軍若逐次攻擊，中共就有逐次還擊的可能，而其成功的機率必高於飽和攻擊下的倉促應對。

4.善用民間資源

臺灣每年國防預算一百餘億美金，對上中國近三千億美金，天差地遠之別，我們哪來的勝算？

所幸國軍打的是一場防衛戰，臺灣站了地主優勢。中共只能動員現役部隊的一部分，帶著需要的裝備與物資，跨越臺灣海峽天塹，深入「缺乏後勤支援」的陌生島嶼。我們卻在自家，不僅能夠用足國防預算，還可以動員民間物資，幾乎以超越三、四百億美金的資源回擊。或是更具體地說，臺灣防衛力量等於「現役部隊＋後備部隊＋民間資源」；而中共的侵略力量只有「現役部隊的一部分」。再講白了，這將會是一場「三、四百億美金」對上「三千億美金的一部分」的戰爭，若能設計妥當的戰略與戰法，在局部的戰場誰大誰小，最終誰勝誰負實難預料。

5.確保社會穩定

戰時是國家生死存亡之秋，政府難以兼顧內部管理，因而會形成一段治安空窗期。這時如果盜匪橫行還是小問題，真正怕的是兩個長期有磨擦的族群爆發集體衝突。

最明顯的例子是印度獨立時發生的「印巴分治」大暴動。印度是世界宗教發祥地之一，人民信教氣氛十分濃厚，獨立以前宗教分兩大勢力，分別是信徒占全國人口超過八成的印度教，以及十一％的伊斯蘭教。僅管這兩股勢力相安無事過了數百年，但是兩邊信徒的心底還是隱藏著對彼此的不滿。

一九四七年印度脫離英國獨立，規劃之初，不管是印度教或伊斯蘭教的領袖，都要求成立自己的國家。幾經協調，英國依兩邊信徒「大致生活區」大筆一劃，將英國殖民下的印度分成三塊，分別是「巴基斯坦、孟加拉」歸屬伊斯蘭教，現今印度歸屬印度教。

劃分完成以後，印度人民展開了一場大遷徙，伊斯蘭教區的「印度教信徒」遷往印度，印度教區的「伊斯蘭教信徒」遷往巴基斯坦或孟加拉。遷徙過程中，沒有任何政治人物煽動，沒有任何軍事組織參與，政府也全然控制不住，兩邊信徒自動自發暴發了激烈的衝突，這讓印度迅速、全面陷入打、砸、搶、殺、姦的無政府狀態，保守估計雙方死亡超過五十萬人，另外造成一千兩百多萬人流離失所、無家可歸。

暴動發生以前，所有人都以為只會發生局部性的小衝突，誰也沒料到最終會形成慘絕人寰的大屠殺！怎麼會造成這個結果？不過就是不同的宗教信仰，哪來的生死不共戴天的深仇大恨？然而細細一想，不也是可預見的事？

首先，不同的宗教信徒長時生活在同一個社區，雙方對彼此必有所不滿，只是承平時期大家都是君子，違法犯紀要付法律責任，所以盡可能忍了下來。事實上在分離的時刻，絕大部分人民仍然會忍下來。可惜在龐大的人群之中，無可避免地存在一小撮流氓、地痞、無賴、反社會人士，他們會利用這難得的治安空窗期，找盡各種理由與藉口，堂而皇之地對「對方」進行打、砸、搶、殺、姦。他們的目的在掠奪個人利益、發洩個人私慾，但掛在嘴邊的永遠是冠冕堂皇的大道理。儘管這一小撮人僅占社會極小的一部分，但是他們所能激起的怒火、製造的仇恨，會由點而面，如星火燎原般地掀起整個社會的動亂。面對這種「長期存在摩擦」的社會，尤其對國家認同不一的社會，戰時想要不自相殘殺，從作戰計畫的擬定就須嚴密防範。

第五章

美國

北京到臺北最短的距離是經過華盛頓

美國在兩岸關係中舉足輕重，華盛頓掌握的話語權，以及對台海的影響力，甚至超越臺北。因而研究兩岸問題，除了中國與臺灣兩個主體，美國的角色不可忽略。

美國是超級大國、世界霸主，也是全球最先進、最發達的國家，無論在經濟、科技、文化、軍事等，都具備超強的實力。世界上有許多人熱愛美國，嚮往移民美國；卻也有許多人憎恨美國，恨不得消滅美國。美國到底是什麼樣的國家，為什麼世人對它愛恨兩極？

一、美國的特質

兩百多年以前，美國只是大西洋沿岸一段狹長，沒沒無聞的殖民地，時時得仰視宗主國的臉色。獨立建國以後，短短百年領土擴增了十二倍，排名全球第四；人口更從原來的三百萬人爆增一百餘倍，排名全球第三。從美國迅速擴張的歷史來看，它是一個精於巧取豪奪的侵略霸權，至於原因，概略歸納如下：

（一）高緯度民族性

美國雖由多民族組成，但依據聯邦人口普查局二〇二一年八月公布的資料，其中半數以上為白人，至於國籍以德裔最高，其次依序為愛爾蘭、英格蘭、義大利、波蘭、法國、蘇格蘭、荷蘭、挪威、瑞典等。請注意這些國家所在位置，除了義大利南部一小塊，其餘全數在北緯四十度以上。

當然，那是早年移民。現今美國本土，東西長四千五百公里、南北寬二千七百公里，絕大部分界於北緯三十到五十度之間。

緯度對民族個性的影響已如第四章內容，此處不再贅述。

（二）天選之國

放眼全球，沒有一個國家的綜合條件可以和美國相比，甚至連「差不多」的對手都找不到。說美國是「天選之國」絕不誇張，它具備的優勢如下：

1.地緣

美國東有大西洋、西有太平洋，想要從海上攻打美國，必須跨越數千公里的大洋，這是人類目前科技還難以跨越的鴻溝。至於陸路，無論是北界加拿大或南邊墨西哥，實力和美國都有一大段差距。美國不欺侮墨、加就不錯了，他們何敢挑釁美國？

未來有一天，墨、加的實力可能超越美國嗎？

不太可能，因為緯度制約了人民的生產力。美國本土界於北緯三十至五十度之間，高緯度的酷寒給了北方的加拿大，低緯度的熾熱留給南邊的墨西哥，美國居中，恰恰取了最適合人居的一段。想要追越美國，大自然已經劃下了拒止線。因而從陸路攻打美國，單憑墨、加一己之力絕難達成。

也由於美國本土的地緣優勢，以至建國後可以遠離全球大多數的紛爭，轉而以一個旁觀者，甚至影武者的角度去面對、操縱。

2.物產

地緣優勢固然重要，但真正的關鍵是強大。如果足夠強大，必然百毒不侵。如果弱小，地理位置再好，也難逃被欺負的命運。

美國本土擁有全球面積最大、最適合人居的「北美大平原」，土壤肥沃適合耕作。可耕地面積如果以「萬平方公里」為單位，全球前五大排名依序為印度一八九，美國一六八，俄羅斯一二六，中國一一三，巴西八十。美國排名雖不在首位，但它的農耕全面機械化，使用現代最新科技與裝備，因而產能遠超過排名第一的印度，農業生產總值與出口總量都占世界首位。各類農牧產品出口占全球的百分比，分別是玉米七十%、大豆六十七%、穀物四十%、小麥三十七%、棉花二十六%、肉類七．四%。

至於礦產，美國也不遑多讓，其中煤、鉬、天然鹼、硼、溴、硫酸鈉的儲量高居全球第一，銅、金、鎘、銀、釔、磷、硫排名全球第二，鉛、鋅、稀土、重晶石、碘占全球第三，鐵第五、天然氣第六，石油十一。

3.交通

擁有再多的物產，若無便利的交通，最終也是枉然，此即所謂「物暢其流」。美國三面臨海，沿海多優良海港，且少有結冰期，幾乎全年都可以提供良好的海洋運輸。另外密西西比河和五大湖的水運便利，中部是一望無際的大平原，建築鐵、公路無須穿山越嶺，因而交通方面美國擁有優良的天然條件。

交通除了有賴天然條件，更要依靠人工建設。對於財大氣粗的美國，二十世紀中期便開始大量修建高速公路，普通公路貫穿其間。美國是全球屈指可數的空運大國，依據「臺灣民航資訊網」二〇二二年的資料，若以機隊數量衡量，世界十大的前五名都是美國的航空公司；再以旅客量來計算，前十大美國就占了四家，排名分居一、二、四、五。不過，隨著空運和公路系統的快速發展，原本位居全球第一的鐵路運輸網，最近三、四十年有下滑的趨勢，特別是鐵路客運規模明顯萎縮，但鐵路貨運量始終名列前茅，目前僅輸給後起之秀中國。

4. 人才

嚴格地說，美國人是幾乎被殺之殆盡的原住民，現今的美國人是近四、五百年的移民。早期移民良莠不齊，後期卻得以吸引全球一流人才，主要原因還是美國的地緣優勢。

由於地緣優勢，近百餘年戰爭從不曾落在美國本土。更別說一戰、二戰，當全球生靈塗炭之時，美國本土卻有如世外桃源得以置身戰火之外，享有不聞槍聲炮響的寧靜生活。也因此，近百餘年，美國吸引全球痛恨戰爭、渴望和平的追求者。移民不像搬家那麼簡單，沒有三兩三，可能連離鄉背景的勇氣都沒有。四、五十年以前，臺灣青年學子之間流傳一句口號：「來來來，來臺大；去去去，去美國」。所有飽經戰火摧殘的國家，人民不都有類似的感覺？

一九二〇年起美國對移民採取配額制，之後的移民全都經過篩選。也因此，若要問世間哪一個國家匯集全球一流人才，如果美國說第二，沒有國家敢說第一。

（三）戰爭讓美國強大

美國儼然如同天選之國，因而吸引全球大量移民。一八四〇年，美國人口數為一千七百萬人；其後八十年，全球各地前往美國的移民高達三千七百萬人。美國始終以「民族大熔爐」自豪，建國以來幾乎沒有入境限制，直到一九二〇年，基於擔心工作與文化遭到外來者的威脅，這才開始建立配額制。

一九一四年第一次世界大戰爆發，由於主戰場在歐洲，所以開始時美國完全置身事外，威爾遜總統甚至以「確保美國不捲入戰爭」為口號贏得連任大選。一九一七年，德國發起無限制潛艇戰，頻頻攻擊美國客貨輪；縱然如此，美國也僅與德國斷交。直到美國駐英大使收到破獲的電報，內容為德國煽動墨西哥對美宣戰，德國將協助墨西哥取回割讓給美國的失地。消息披露，美國輿論大嘩，威爾遜總統才在一戰的最後一年向德國宣戰。

一戰讓歐洲各主要強國，諸如德國、奧匈帝國、英國、法國等元氣大傷。美國除了參戰較晚，更因戰場不在本土而得以保存實力。此外，美國還因參戰而大幅擴軍，擁有更堅強的軍事力量，從此樹立在國際事務中的領導地位。

戰後美國享有一段巨大的經濟繁榮期，多數家庭購買第一台汽車、收音機、冰箱，並且開始定期看電影。可惜好景不長，一九二九年全球步入經濟大蕭條，美國失業人口一度高達二十五%。眼見局勢日漸惡化，羅斯福總統以鐵腕推行新政，經濟才有起色，緊接著一九三九年就爆發第二次世界大戰。

再一次，美國試圖置身事外。直到一九四一年底日本偷襲珍珠港，美國才對日、德、義組成的軸心國宣戰。

二戰徹底激發了美國的潛能，不到四年就生產了三十萬架飛機、五千艘貨船、六萬艘登陸艇、一百六十艘航母、十萬輛坦克、三十七萬門火炮、三百二十五萬輛軍車……，打不盡的裝備競相投入戰場，直讓世人感覺美國愈戰愈強、愈戰愈勇。透過二戰，美軍終於完成了蛻變，不僅成為同盟國戰勝軸心國的主力，也為美國日後成為世界強權打下穩定的基礎。

（四）白人至上的優越感

白種人自認比其他有色人種優秀，這是全球的通病；甚至，有色人種認為白種人的確比較優秀的思想，也廣泛存在於這個世界。例如美國流行樂之王麥可・傑克森多次整容，恨不得把自己徹底漂白就是一例。

到底哪一個民族優秀是科學問題，白人至上的優越感是社會問題。社會問題難以界定對錯，它就是一個存在的現象。可是，如果認為自己優秀，就無法容忍「較差的人種」占據他們想要的東西，這是人的天性，同樣難以界定對錯，它就是源源不絕地發自內心的感覺。

（五）獨霸全球的硬實力

感覺只是感覺，是否會採取行動，端視自己的實力。若覬覦者的硬實力遠超過對手，早年他會拿刀拿槍直接動手搶。近代世界變得文明了，他必須找一個藉口，所謂師直為壯，但動手搶的結果不會改變。

美國的硬實力如何？講兩個數字。其一，美國每年的軍事預算不僅獨占鰲頭，而且高過其後十個國家的預算總和。其次，全球空戰實力美國空軍排名第一，知道排名第二的是誰嗎？美國海軍。美國海軍擁有十艘超級航母，每艘可艦載八十六架各式先進戰機。單單是這十艘航母，總數近九百架先進戰機，就凌駕全球其他國家空軍的戰力。

（六）沉迷老大的滋味

能力越強，責任越大。毫無疑問，美國牢記並實踐了這句真理。因而自從美國站穩腳步，便快速擴張在全球影的響力。

同樣舉兩個數字。一是美國自建國以來兩百多年的歷史，只有十六年沒有打仗，堪稱「人類歷史最好戰的國家」。其次，近幾年富國強兵的中國試圖在海外建立軍事基地，即使成功的例子屈指可數，然而每當出現一個「可能」，美國無不全力阻止、痛加撻伐，什麼中國向外擴張勢力，試圖改變國際秩序。知道美國現今擁有多少海外軍事基地嗎？全球八十個國家，美國擁有八百多個海外軍事基地。這就是為什麼哪裡有戰爭，哪裡就看得到美軍身影的原因。

如果拿「人」來做比喻，美軍個子高、臂膀粗、拳頭硬，再加上練了一身好功夫，真可謂打遍天下無敵手。除此以外，美國自認優秀，所以二戰以後幾乎無役不與、無事不管。這種身分往好的方面想是在扮演世界警察，往不好的方面想是在當全球老大。不管哪一種，不可諱言都要付出代價，其中包含數十萬美國子弟的生命。

老大真的不好當，代價非常高，美國為何樂此不疲？原因是老大不單是身分與地位的象徵，更重要的是連帶的利益，其中之一為制訂金融遊戲的規則。好比說二〇二一年，台灣進出口總值為順差四百多億美元。看到「順差」，想必國人心裡就鬆了一口氣，因為這代表台灣對外做生意有「盈餘」。如果是公司老闆，這筆錢可以存入銀行，以備日後不時之需。很直覺的概念，到了美國就不是這麼回事。

二〇二一年，美國進出口總值為「逆差」一萬零七百八十四億美元，相當於臺灣中央政府總預算的十五倍。也就是，美國一年虧損的錢，夠臺灣花十五年，這是何等驚人的數字！這還不是特例，根據美國商務部的統計資料，自二〇〇〇年以來，美國進出口年年逆差，金額概如下圖所示，都高到讓人難以想像的地步！

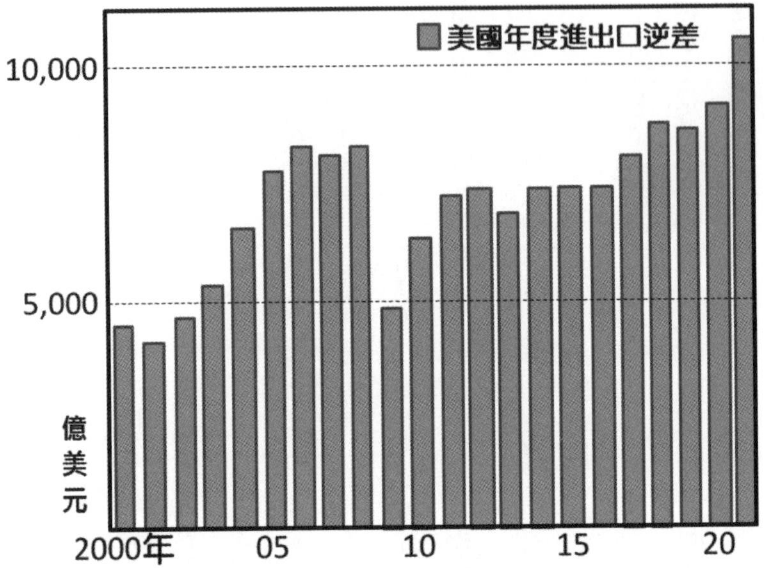

倘若某國年年逆差如此之高，代表嚴重入不敷出，誰還敢相信這個國家的債信？因而對外可能造成幣值重貶，對內則因嚴重通膨而導致經濟崩盤。可是美國是世界老大，制訂「美元本位制」，也就是國際間絕大部分商品交易都必須使用美元。由於所有國家都有或多或少的國際貿易，所以都必須儲備美元，也因此美國聯準會可以放心大膽的印鈔票。

國際經濟十分複雜，供需有諸多奧妙與技巧。假如把這些複雜的問題簡單化，這猶如能夠自己印鈔票的黑社會老大，且限定所有交易都必須使用他印的貨幣。由於鈔票來源無窮無盡，老大可以花天酒地過日子，縱然商家覺得鈔票有問題，然而那是唯一通行的貨幣，所以不單不會拒絕，反而還搶著要。

老大的第二個殺手鐧是匯率。日本經濟曾經不可一世，美國感覺老大的地位受到威脅，一九八五年九月透過《廣場協議》強迫日幣升值。協議以前一美元可以兌換二百五十日元；協議以後三年，一美元只能兌換一百二十日元。

日本是何等勤奮的民族，他們辛苦努力在全球做生意，每年進出口都出超。又因所有交易都必須使用美元，所以大部分盈餘都用於購買美元。假設在協議前某公司使用二百五十億日元兌換一億美元，三年後有日元需求，同樣的一億美元就只能換回一百二十億日元。如此一去一來，這家公司就平白損失了一百三十億日元。

金融遊戲真迷人，老大不費吹灰之力就可以吸別人的血、吃別人的肉。這個世界是城市的放大；或是反過來說，城市可看成是世界的縮影。國與國在世界的互動，猶如混跡城市的黑幫，基本生存原則都是強凌弱、眾欺寡。若能成為黑社會老大，他能劃分勢力範圍、壟斷市場、經營獨門生意、抬高或壓低物價、收取保護費等。總之，他所能分配與統合的資源，必將給自己帶來巨大的利益。老大高高在上、調兵遣將、指揮若定，底下如果聽話，老大吃肉，你喝湯；如果不聽話，等著被老大修理。

美國在這個世界，不猶如黑社會老大？

美國一向視國際法如無物，若合國家利益就是國際法，若不合則棄之不承認。自一九八〇年以來，美國計退出十七個國際組織或協定。

美國借「推廣民主」之名在拉美推行「新門羅主義」，在歐亞地區煽動「顏色革命」，在西亞北非國家遙控「阿拉伯之春」，這些活動給多國帶來混亂和災難。自二〇〇一年以來，美國以反恐之名發動的戰爭和軍事行動已造成超過九十萬人死亡，數百萬人受傷，數千萬人流離失所。

美國制訂《國際緊急經濟權力法》、《全球馬格尼茨基人權問責法》、《以制裁反擊美國敵人法》等國內法，並炮製一系列行政命令，直接對特定國家、組織或個人進行制裁，以「最低聯繫原則」、「效果原則」等模棱兩可的規則，任意擴大國內法管轄範圍。美國還對白俄羅斯、敘利亞、辛巴威等國實施多年制裁，加大對朝鮮、委內瑞拉等國「極限施壓」。據統計，川普政府累計實施逾三千九百項制裁措施。而截至二〇二一財政年度，拜登政府制裁項次較前一年度增加九倍……，沒有錯，是九倍，不是九%。美國甚至以懲罰阿富汗塔利班為由，凍結阿富汗中央銀行七十億美元在美資產，將阿富汗人民的「救命錢」據為己有，導致貧窮落後的阿富汗人道主義形勢不斷惡化。阿富汗塔利班駐杜哈政治辦事處發言人穆罕默德．納伊姆表示，美方行徑在人性和道德上已墮落到最低程度。

美國如此為所欲為，在這個叢林世界當了近百年的老大，過程中蘇聯曾欲取而代之，日本仗恃經濟實力躍躍欲試，卻都在美國精心設計下被修理得一敗塗地。說美國是這個世界的「老二殺手」，實至名歸。

權力使人腐化，絕對權力使人絕對腐化，擁有絕對權力的人都是絕對的混蛋。美國在這個世界老大當太久了，已經習慣了老大的霸道作風；又因權力帶來龐大、垂手可得的利益，嘗到權力滋味的感覺就如同吸毒，縱使明知不對，卻也欲罷不能。直到中國這隻沉睡的獅子醒了過來，美國的老大地位倍受威脅。再一次，為了維護自身至高無上的利益，美國必須施展「老二殺手」的絕技。

如果在動物世界，好比說獅群，想要爭奪老大的手段很簡單，挑戰者跳出來和獅王大打一架，誰勝誰就是新獅王。不過，畢竟人類是理性的動物，再加上核武「相互保證毀滅」的約束，美中直接軍事衝突的可能性不高，否則那將是全人類，尤其是臺灣的悲哀。撇開美中直接軍事衝突，這場誰是老大的爭奪戰中，哪一個「單一事件」最能夠清楚明確、立竿見影地標示誰勝誰敗？

不就是武統？如果中國不顧美國「不得以武力改變台海現狀」的再三警告，強力出動解放軍犯臺，在美國極盡努力後猶未能改變結果，中國順利完成統一大業，這會對全球傳達什麼樣的信息？

這場世界老大的爭奪戰中，中國勝，美國敗。從此，北京必將俯視華盛頓，不再把美國的威脅當成威脅。世界其他國家西瓜偎大邊，還會有多少以美國馬首是瞻？

武統成敗，密切關係美中誰是世界老大之爭。從這個角度看，臺灣應如何正確建軍備戰，打一場無需美國軍事力量介入便能拖垮中國的消耗戰，華盛頓比臺北還要心急啊！

二、修昔底德陷阱

一百多年前，一次大戰發生前八年，英皇愛德華七世問首相：「為什麼大英帝國和我姪兒威廉二世（德皇）的關係如此緊張，對美國卻比較友善？我反倒認為美國才是我們最大的挑戰。」

首相當場不知如何回答，於是要求負責英德關係的大臣寫了份備忘錄給英皇，內容摘要如下：「陛下，處於德國致力取得政治霸權和海上優勢的今日，對英國的獨立與生存已經造成實質威脅。陛下認為英、德之間漸升的敵意，是因為德國的能力，還是德國的行為？」備忘錄分析的答案是「能力」。競爭對手只要具備能力，不管是否採取行動，都會對自己形成威脅。如今德國愈益富足的財力，就讓它具備此能力。德國必定會著手建立海上強權，進而威脅大英帝國。

三年以後英皇去世，喪禮上有三位大人物，分別是繼任者喬治五世、美國代表羅斯福，以及德皇威廉二世。羅斯福問德皇：是否會考慮暫停跟英國的海上競爭？德皇回答：建立一支強大海軍的決心，是德國堅定不移的政策。

那個時候，若問英、德是否會開戰？所有人都會說：怎麼可能！正如同現在問大家：中、美是否會開戰？很多人直覺的反應是：不可思議！德皇回答羅斯福的問題以後，接著補充：「我在英國長大，我身體的一部分是英國人，我愛英國，我崇敬英國。」

回頭檢視德皇這兩句話，前後雖然矛盾，卻清楚說明一個歷史鐵律：感情歸感情，現實歸現實。英、德兩國領導人心裡都明白，戰爭何其殘酷，免於戰爭是國家最高指導。縱然他兩人是血緣親屬，英、德有文化的共同領域，經濟也相互高度依賴，很不幸，這些理由沒有一個有助於阻止戰爭的發生。

現實勝過一切，這就是修昔底德陷阱，崛起強權無須採取挑戰的「行為」，其自身無法遏制、持續茁壯的「能力」是大勢所趨，也必然會衝撞現有強權的霸權地位。當前中、美兩強競逐，許多戰略專家表示，未來發生「大國 vs 大國」戰爭的機率很低，更別說雙方都是核武大國，打起來就是全人類的大災難。因而美中領導人都會竭力防止「災難性碰撞」，兩國大戰的可能性基本上「不存在」。

真的不存在嗎？試看最近幾年，美國動用國家力量打壓和制裁「華為」，限制華為產品進入美市場，中止提供華為晶片、作業系統，還在全球脅迫別的國家禁止華為參與當地5G網路建設，甚至策動加拿大拘押華為首席財務長近三年。此外，美國藉各種理由圍堵中國高科技企業，迄今將一千多家中國企業列入各種制裁清單；劃定生物技術、人工智慧等重點管控技術，強化出口管制，嚴格投資審查；打壓中國社交媒體應用程式。

川普政府時期，美國對中國發動大規模貿易戰，依據「301調查」，先後三輪對中國輸美約三千六百億美元商品加徵高額關稅。隨後推出「清潔網路」計畫，以維護美國國安和公民隱私為由，明確要求電信業者、手機業者、手機應用程式、雲端服務、海底光纜，將華為、百度、阿里巴巴等中國企業完全剔除在外。當時美國國務卿等多位美國高官四處遊說，脅迫其他國家和地區加入「清潔網路聯盟」。美國高級官員甚至恐嚇賽普勒斯等國家，要求他們不准與中國5G供應商合作，否則後果很嚴重。

二〇二一年九月，全球大宗商品高位震盪之際，美國又宣布就中國輸出的釹鐵硼永磁材料是否損害美國國安，開啟「232調查」。

美國藉中國政府「強迫勞動」為由，打壓新疆棉花、番茄、太陽能光伏產業。二〇二一年，美海關和邊境保護局已針對輸美涉「強迫勞動」貨物發布七項暫扣令，包括新疆出產的服裝、紡織品等棉花製品，番茄種子、番茄罐頭、番茄醬以及其他番茄製成品，矽基產品、電子產品等，沒收總值近五億美元的貨物。

美國對中國企業在美融資、運營，施加全方位限制。據美國官方統計，迄今已將一千多個中國公司和個人列入各類制裁清單。其中公司清單近五百個，人員清單三百多個，未經驗證清單兩百多個，中國軍工複合體企業清單六十八個，另有少數其他公司。二

○二二年二月，美國將中國微信、阿里巴巴全球速賣通列入「惡名市場名單」，後續更將「拼多多」等中國企業，以及其他九家中國實體市場列入管制名單。

早年戰爭的焦點都集中在軍事，近幾年超限戰興起，戰爭的領域已跨到外交、經濟、網路、媒體、認知戰等。透過軟實力逼迫對手，有時比硬實力還要有效。若從超限戰的角度看，當川普政府全面掀起貿易戰，繼而聯合盟友，透過外交與軍事演習等全方位圍堵中國，美中修昔底德陷阱的戰爭不已呈現在世人眼前？

三、美中台「兩角」關係

二〇二〇年六月，美國前白宮國家安全顧問波頓（John Bolton）在其著作《事發之室：白宮回憶錄》中透露，川普以白宮辦公桌形容中國大陸，以簽字筆筆尖形容臺灣，用此來比喻兩岸的大小懸殊。消息傳來，國人大失所望。可是，假如是一個事不關己的外國人，你會如何看待兩岸的實力對比？

二次大戰以後，計有南北越、東西德、南北韓，以及海峽兩岸長期保持分裂分治。除了兩岸，其他分裂國家，雙方的土地面積與人口數都在伯仲之間。可是兩岸，中國土地面積是臺灣的二百六十五倍，人口數是六十倍，兩岸實力之懸殊，「數字」說得一清二楚。也因此，美中台其實是「兩角」關係，它全然由美國與中國的互動所決定。

二〇〇一年四月一日，中共戰機與美軍EP-3偵察機在南海空域擦撞，除造成中共戰機墜毀，飛行員跳傘下落不明，美偵察機也因受損而迫降海南島陵水機場。

擦撞事件後美中相互嚴厲譴責，引發兩國外交危機。中方處理態度十分強硬，除扣押二十四名美機組人員十一天，還要求美方支付食宿費三萬五千美元。至於偵察機，為研究與破解相關裝備的機密，中方足足扣留了三個月。這段時間美方多次交涉，希望派遣工程人員前往海南島進行修理工作，然遭到中方拒絕。中方甚至不同意美方派遣運輸機將受損的偵察機運走。最後不得已，美國只好向俄羅斯租用巨型運輸機，直到七月三日才運走被拆解的偵察機。

可以想見，美國如何吞得下這口窩囊氣？憤怒之餘小布希總統放出狠話，表示將「不惜一切代價協防臺灣」。美國說到做到，四月二十五日宣布對臺軍售，內容包括十二架P-3C反潛機、四艘紀德級驅逐艦、六套愛國者PAC-3飛彈連、M-109A6自走炮、十二架MH-53E掃雷直昇機、潛艦用MK-48重型魚雷、AAV-7A1兩棲突擊車、空用AN/ALE-

50拖曳式誘餌、AGM-84L魚叉飛彈，以及承諾協助臺灣取得八艘柴電潛艦。

這份堪稱「空前」的清單，臺灣受寵若驚，國防部更是喜出望外，尤其是八艘戰略性攻擊武器潛艦，明顯違反《臺灣關係法》美方僅「提供防禦性武器」的限制。正當國防部官員奔走於立院，希望國會支持如天文數字般的預算，卻不料人算不如天算。

當年九月十一日，蓋達組織對美國本土發動一系列自殺式恐怖攻擊，造成近三千人死亡，六千餘人受傷，連帶重創美國民心士氣與股市經濟。為了報復，美國在全球迅速展開大規模的反恐作戰，首要目標為蓋達組織的大本營阿富汗。

阿富汗與中國西北接鄰，美國必須爭取北京的支持才能有效反恐。這為中國打開了機會之窗，原本緊繃的美中關係頓時緩解，雙方從高層互訪到民間交流急速增溫。至於臺灣，猶在建案階段的潛艦、自走炮、掃雷直昇機等，連影子都還沒看到就此煙消雲散。

這例子清楚地告訴世人，美中台僅是「兩角」關係。由於台獨是北京的痛點，因而長久以來臺灣始終是美國牽制北京的棋子。美中交惡，美臺關係便升溫；美中友好，美臺關係便走入谷底。現今美中正處於前所未有、水火不容的修昔底德陷阱，想當然爾，美臺關係必然是前所未有的緊密。

四、美軍會介入台海戰爭？

倘若台海爆發戰爭，美軍是否會介入，長久以來始終是國內爭論的焦點。所幸二〇二二年俄烏戰爭爆發，美軍用具體行動說明了會置身事外。即使答案如此明顯，國內仍有人認為美軍必來，而其所堅持的信念是美臺長久以來的軍售關係。由於臺灣年年花費大筆預算購買美國軍火，這如同繳「保護費」，美軍有義務介入台海戰爭。

會如此認定，是單純地站在臺灣的立場。我們習慣於站在自己的立場要求別人做什麼，很少站在對方的立場思考他可能會怎麼做？假如能換個角度，站在對方的立場思考同一個問題，答案可能剛好相反。

講到中、美之間的恩恩怨怨，撇開二次大戰美國對中國的協助，單單是中華民國撤退到臺灣，過去七十多年，如果沒有美國的支持，中華民國還會存在嗎？中共至今猶未採取武統，是國軍的嚇阻力量足夠強大，或是擔心可能介入的美國？

如果沒有美國軍售，好比說空軍少了F104、F5E、F16、響尾蛇飛彈……，海軍沒有陽字號、成功級艦、濟陽級艦，基隆級艦、魚叉飛彈、標準飛彈……，陸軍缺少M60戰車、M48戰車、勇虎戰車、OH-58D偵察直升機、CH-47運輸直升機、眼鏡蛇攻擊直升機、阿帕契攻擊直升機、黑鷹直升機、復仇者防空飛彈、欉樹飛彈、地獄火飛彈、小牛飛彈、刺針飛彈、愛國者飛彈……，能夠想像國軍還剩下什麼嗎？

沒有錯，軍售是軍火交易，目的在賺錢。然而能不能請問：同樣能賺錢，其他民主先進國家，好比說英、法、德、日為什麼不敢出售軍火給臺灣？若說是華盛頓限制臺北只能向美國購買，請問荷蘭的潛艦、法國的幻象戰機與拉法葉戰艦、德國的獵雷艦又是從何而來？假如瞭解這些「非美式」裝備的採購過程，以及這些國家後續受到的壓力，會清楚國際不敢出售軍火給臺灣的原因，主要來自於北京。

再講句不客氣的話，全球軍火市場，臺灣只是一個小咖。例如美國軍火大廠洛馬公司，二〇二〇年的營業額為六百五十四億美元，其中七十四%來自美國國防部。臺灣國防預算「軍事投資」項目，每年總額度約為一千億臺幣，即便全數向洛馬公司採購，亦不過占其年營業額的五．三%。

有臺灣這個客戶，錦上添花；沒有，無傷大雅。假如事關緊要的軍火商都如此看待臺灣的採購，世界超級霸主美國的眼中，又占了什麼地位？

台海如果爆發戰爭，美軍不會來；不過，美國一定來。來的首要目的是撤僑，其次在提供軍火、情報、後勤支援……，期望臺灣幫美國打一場代理人戰爭，把中共打趴打掛，如此才能確保美國全球老大的地位。想要美軍直接涉入，以美國人的生命捍衛臺灣的安全，烏克蘭的處境是臺灣的前車之鑑。

儘管如此，畢竟世事難料，不管什麼形式的擦槍走火，萬一美中真的打了起來，接下來可能發生什麼事呢？

針對俄烏戰爭，美國司法部專案成立了「盜賊緝捕行動特別小組」，追查俄羅斯公民在美、歐的遊艇、公寓、私人飛機和巨額存款，逕自凍結並予沒收。此外，美國還逼迫各國選邊站隊，要求加入對俄制裁，否則就要「付出代價」。

美俄非戰爭中的敵對國家，美國便能採取如此激烈、不講道理的手段，假如美中真的打了起來，兩國進入交戰狀態，能夠想像戰場之外，會出現何等魯莽霸道的「超限手段」嗎？可以預見，首先美中會相互斷航、斷交、斷絕所有貿易往來。其次美國會沒收境內所有「中資企業」，而中國也會沒收境內所有「美資企業」。僅僅這兩項相互制裁對全球經濟就是不可承受之重，因而別說美中會盡力避免，世界絕大多數國家也會站在反對的立場。

其次，戰爭開打，兵凶戰危，局勢往往不是交戰國所能控制。萬一某個領導人輸得惱羞成怒，或是某一個掌握核武發射權的指揮官喪心病狂，只要某一方發射一枚戰略核武，遭到攻擊的國家再以戰略核武還擊，那不就成了世界末日？

不過，這些分析針對的是一般國際現勢。美臺現今擁有非常特殊的關係，那就是全球最不希望中國成為老大的是目前的老大——美國；第二個則是臺灣，或是更正確地說：台獨政府。因為中國一旦成為老大，不把美國看在眼裡，那就是北京出手消滅台獨之時。

歷史實在有趣，即使國際只有利益，沒有道義，然而基於「不希望中國成為老大」的共同目標，美臺關係到達前所未有的緊密。可是，即便美軍介入台海戰爭，這場「中共vs『美＋臺』」的戰場可能在哪裡？現今武器的殺傷力無與倫比，縱然不使用核武，雙方各發射幾千枚導彈相互攻擊，戰爭結束時臺灣還剩下什麼？

看到這應明白，台海如果爆發美、中大戰，無論從哪一個角度看，臺灣都是大禍臨頭。只要對國際現勢與軍事稍稍有點涉獵，會清楚中共採取武統時美國必來，但是千萬拜託：美軍別來。

第六章

戰法

若能破解對方的戰爭目標，就有可能阻止戰爭面對中共武統威脅，即使臺灣願意保持「不獨」，然而因兩岸實力差距越來越大，想要北京「不武」的機會便越來越低。對於弱勢臺灣，確保和平的手段是有效嚇阻，也就是提出一個「公諸於世」的防衛方法，讓北京清楚臺灣防衛堅實，以致沒有必勝的把握；或即使獲勝，卻因付出的代價太高，故而取消或遲滯武統的行動。至於此公諸於世的防衛方法誠如第四章所言，有三個必須面對的現實，那就是：兩岸無法拉近軍事投資的差距、國際不可能以軍事力量介入台海戰爭、凝聚全民共識是不可能的夢想。至於中共可能採取的軍事行動，已如第三章分析：武統不動則已，動必直指臺北。

依據前述條件擬定的防衛戰略，我們不妨以前參謀總長李喜明上將在《臺灣的勝算》（聯經出版）一書中所提出的「整體防衛構想」（ODC：Overall Defense Concept），進而建立一套「讓中共感覺極其棘手」的防衛作戰手段，其目的不在挑起兩岸的衝突，反而是為了達成嚇阻戰爭的目的，並且在必要時能夠有效防衛，使能確保台海和平。

一、武統徵候

未來兩岸戰爭的形態，中共若採取全面三棲進犯，初始徵兆應以演習為名，在中國東南沿海聚集龐大兵力，船團出海後向海峽中線接近，接著促不及防對臺灣本島發動聯合火力打擊，演習部隊再適時調轉方向朝臺灣接近。而為了故布疑陣，戰前中共會舉辦多次類似演習，規模由小而大，距離由遠而近，甚至環島形成包圍之勢。假設這就是未來的場景，國軍從開始的嚴陣以待，經歷一次又一次的「狼來了」，到後來會不會放鬆戒心？

這時有兩種可能，一是事先透過情報得知中共即將發動武統，二是全然處於未知狀態。假如事前什麼都不知道，臺灣只能被動應戰。假如事先得到情報，國軍可能先發制人，以飛彈攻擊中共仍在港內整備、近岸集結的船團，或甚至遠距高價目標嗎？

就臺灣的立場，防衛作戰的「戰爭目標」是什麼？如果是「報復」，那麼放手去攻擊遠距目標。如果不是，以有限的長程飛彈、有限的損害，我們是朝戰爭目標接近或遠離？

更麻煩的是臺灣如果先動手，我們不就成了戰爭的發動者？別以為公開解釋什麼，拿出什麼證據，就能夠贏得別人的諒解與支持。兩國相對，從來都是各說各話；再以今日兩岸都精於唇槍舌劍的認知戰，什麼證據又能證明什麼？如果什麼都不能證明，擺在眼前鐵一般的事實是臺灣率先發動攻擊，造成對岸數百乃至數千人傷亡，對一個戰爭的發動者、製造者、挑釁者，北京有千百個理由採取報復行動。這時中共的還擊不再是「民主vs專制」、「侵略vs防衛」、「大vs小」，而是血債血還、以暴除惡、止戈為武的正義之戰。

二、戰力防護

兩岸戰爭臺灣處於弱勢，若再失去輿論與國際支持，這場戰爭不戰已敗。因而未來台海戰爭，不管臺灣是否事先獲得情報，國軍必須承受第一擊。而為了避免國際介入，中共最高戰略是速戰速決。為達此目的，第一擊必須摧毀國軍「躲無可躲」的主戰兵力，例如空軍機場、戰機，海軍港口、大型艦艇，岸置固定雷達站與飛彈基地，以及負責指揮的作戰中心及通訊設施。倘若無法摧毀這些目標，中共航行在海上的登陸船團，每一艘都是攻艦飛彈的活靶。再以臺灣飛彈密度高居世界前茅，中共如何敢冒此風險？為了確保船團的安全，中共不然就不動手，動手的第一擊，理應是作戰全程火力最強、破壞力最大，針對全島的全面聯合火力打擊。

（一）目的

戰力防護的目的是期望國軍遭受第一擊以後，大部分戰力能夠存活或迅速修復。沒有好的戰力防護，臺灣大部分軍事能力將在第一擊中被摧毀。反之，如能隱藏實力，保存大部分戰力，讓中共產生錯覺，以為經過幾波導彈與長程火力打擊以後，臺灣反擊能力潰散，因而評估是執行登陸作戰的時候，於是登陸船團轉向臺灣航近，卻不預期地遭受大批飛彈攻擊，此勢將造成解放軍大量傷亡，重創其軍心士氣。

這時中共若執意攻台，想必海峽會淪為屍山血海的人間煉獄。這不僅嚴重影響中國的國際形象，更會傷害全球華人對北京的支持，且日後中共要如何穩定治理臺灣？經過多重考慮，有沒可能會放棄以武攻台的初衷？

（二）具體作法

臺灣地形複雜破碎、城鎮密度高，曲折的海岸線由農業用地、建築物，以及公共設施組成，諸如隄防、水田、橋梁、坑道、高架橋等，地形地物變化多端、背景色彩混亂不一，透過機動、偽裝、欺敵、隱蔽、分散、多重配置等是防護的基本作為。另外，臺灣叢林山區離海岸不遠，可供車裝飛彈發射器與支援車輛隱蔽，再利用先進技術對傳統發射架進行偽裝，然後和高科技的假設施混合在一起。偽裝、隱藏、機動移防、分散部署的目的，首在增加目標鑑別與鎖定的困難，次在迫使中共執行登陸以前，無法確認是否已摧毀臺灣的反擊能力。此外，電子干擾、緊急指管、備援、抗炸、快速修復、近迫防衛等手段，都可提升有生戰力的可靠度。

（三）第一擊的應變

臺灣雖然要承受中共第一擊，但並不代表國軍就等著挨打。為降低第一擊可能造成的損害，國軍應做好以下工作：

1. 跨海登陸作戰規模龐大，部隊事先調動、集結，不可能沒有預警。縱然中共以演習之名，但國軍每次都要抱持「狼真的來了」的心理與行動準備。
2. 倘若中共實兵規模大到可能轉換成實戰，中共演習，國軍就採取相對應演習。至於演習重點，大致如下：

(1) 戰爭準備：從「平常戰備」提升至四級、三級、二級，或是一級，逐次整合更多的人力、物力與後勤支援能力。

(2)海軍艦艇出港，分散疏泊或操演。

(3)空軍配合防空部隊進行重點防禦，加強跑道偽裝與修復能力。

(4)陸軍、陸戰隊、特戰部隊分散部署至重要戰略地點。

(5)憲兵強固中樞防衛。

(6)海巡艦艇進行平戰轉換演練。

(7)依據作戰計畫動員後備部隊。

（四）第一擊的防衛重點

1.作戰指揮

衡山指揮所是第一優先保護對象，其次為陸軍五大作戰區，海軍司令部與艦指部，空軍司令部與空作部，這九個「副指揮所」都要具備「接替衡指所」的能力。不過，以上「一正九副」指揮中心都是固定式，為防範意外，應建置「移動式」指揮中心，其外觀像大型貨櫃車，但要具備以下功能：

(1)顯示：清楚顯示戰場的電子地圖，以及敵、我目標位置。
(2)指揮：透過各種通訊手段，直接指揮空軍戰機、海軍艦艇，或是陸軍的連級部隊。
(3)自動接戰：無需操作人員介入，系統自動判定敵「戰略重心」所在，接著透過資料鏈「分火」，命令各單位「分進合擊」。

現今電腦人工智慧的能力，或許還無法設計出一款完美的自動接戰系統；但再不完美，也比「人力」要強，因為在戰時緊迫、危機的環境中，人員犯錯的機率將大幅提升。想要在短時間內做出適當分火，讓不同單位所發射不同類型的飛彈，幾乎在同一時間抵達目標區，不透過自動接戰系統是不可能的任務。

2.確保戰機能夠起飛

中共在對岸布置了上千枚中、短程彈道飛彈，數千枚巡弋飛彈，以及專門為破壞機場跑道而研發的「集束彈」。例如新近公布的「天雷五百」，號稱一枚足以釋放數以百計「子彈藥」，除了大面積摧毀跑道，還能充當詭雷殺害修理人員。假如國軍沒有妥善應對方法，以現有主、副跑道，以及緊急搶修能量推算，面對中共大規模火力打擊，臺灣機場跑道會在幾個小時內癱瘓。

想要在第一擊後確保戰機起飛，或是最起碼減低機場戰損，首要工作是將防空及飛彈防禦系統，優先部署於主要機場的保護。其次是利用建築、防爆牆、近迫系統等，加強低空、次音速巡弋飛彈的反制。另外跑道緊急搶修的相關技術國外不斷精進，臺灣耗費巨資購買新型戰機之際，也應該考慮這些不起眼，但攸關戰力的裝備。最後是跑道多元化，好比運用高速公路及預備跑道，各民用機場在戰時納編軍事用途。

3. 分散部署提高存活率

想要提高第一擊的存活率，除了機動、偽裝、欺敵，再就是不要把雞蛋裝在一個籃子裡，因而要避免群聚與集中。

例如海軍，吃水淺的獵雷艦與飛彈快艇應分散進駐各漁港。至於吃水較深的大型艦艇，就近錨泊於高雄、基隆、臺北、臺中港外的錨泊區，全程保持無線電發射靜止。由於這時仍處於承平時期，錨泊區不僅商漁船頻繁往來，也應有為數不低的錨泊貨輪。海軍艦艇近岸錨泊除了有複雜的「背景環境」，可混淆水面飛彈的終端尋標，另可受惠岸置防空系統的保護。至於水下攻擊，一來臺灣海峽水淺不適合潛艦活動，再來艦艇停俥，靜悄悄地停在錨泊區，重型魚雷難以鎖定。

另外三軍機動車輛可分散部署到城鎮、叢林、山區、溪谷，除了自身的偽裝、蓋上抗紅外線偽裝網，還可隱藏在充氣式假目標與假設施之中。

三、濱海決勝

臺灣防衛作戰的重點在防守，所以作戰構想的第一步是「戰力防護」——百分之百、全然的防禦作為。可是過了這個階段，一旦進入濱海決勝，國軍要如雄獅出閘般全力進攻。戰力防護的目的在保存戰力，進而給濱海決勝提供強大的攻擊火力。

（一）攻擊時機

兩岸戰爭時臺灣勢將承受第一擊。現在問題來了，遭受第一擊以後，什麼時候是國軍適當的還擊時刻？直覺的反應來看，當然是立即還擊。的確，世間哪有挨打卻不還手的道理？特別是對於民心士氣而言，立即還擊有一定的效果。可是，立即還擊可能會製造一個麻煩：雙方你來我往的混亂戰場，到底誰先動手、誰挑起了戰爭？

想要爭取輿論與國際支持，「立即還擊」不是好的選擇。較適當的做法是先打落牙齒和血吞，同一時間透過社群媒體向國際大肆宣傳遭受攻擊的慘狀。以今日社群媒體傳播速度之快、之廣，幾十分鐘內相關信息可傳遍全球。再之後，當敵登陸船團進入「關鍵性決戰場」，一聲令下便發動全面集火攻擊。

對於關鍵性決戰場的考量因素，首在「戰場掌握與指揮管制」，次為「目標鑑別與火力發揚」：

1. 戰場掌握與指揮管制

(1)戰場掌握：必須在觀通系統的偵察範圍之內，通常離岸不超過兩百公里。不過這距離是基於承平時期，戰時固定雷達站勢必被摧毀，機動雷達站也受到高度威脅，屆時能掌握多遠的戰場猶待事實證明。不過，由於臺美情報合作密切，最糟的狀況下，我們也應會得到美國傳送的即時戰場資訊。另外，距離越近，戰場掌握越容易，目標資訊也越準確。

(2)指揮管制：與「戰場掌握」類似，距離越近指管越容易。然而這兩者有一個明顯的差異，戰場掌握的重點是「敵」，指揮管制的對象是「友」。「敵」我們無法控制，距離可能在一、兩百公里之外；「友」接受戰管指揮，再依ODC的設計，位置都在近岸，距離不超過十公里。

2.目標鑑別與火力發揚

(1)目標鑑別：濱海決勝攻擊的目標是敵人戰略重心。至於戰略重心的定義是：如果缺少這一塊，敵方就難以完成作戰任務。對於登陸作戰，戰略重心為登陸部隊的人員運輸艦。此類目標由於排水達數萬噸，雷達回跡比較明顯；又因為是受保護的對象，理應位於登陸船團的中心，或是護衛支隊與「可能攻擊來向」的反側。依據這兩個原則，再與電偵信號交叉比對，不難鎖定敵戰略重心的位置。

(2)火力發揚：發揚火力所須考慮的因素如下：

A、擁有「空中拒止」的優勢：空中拒止不是「空優」——我戰機可以「無安全顧慮」地來去；它比較消極，單純限制敵機「無所顧忌」地進出。對於戰機而言，最大的安全顧慮是地對空飛彈。國軍現擁有六型現代化地對空飛彈，參考維基百科資料（以下皆同），最大射程分別為：

(A)愛國者一型：一百公里。

(B)愛國者二型：一百公里。

(C)天弓一型：一百公里。

(D)天弓二型：二百公里。

(E)天弓三型：二百公里。

(F)標準二型：七十四至一百六十七公里。

B、具備三軍聯合「水面打擊」的能力：攻艦飛彈是現今打擊水面艦的主要武器，發射載台分別為戰機、艦艇、陸基，至於國軍擁有的飛彈類型與最大射程概分以下三種：

(A)雄風二型：一百六十公里。

(B)雄風三型：一百五十公里。

(C)魚叉飛彈：依型號與發射載台而異，範圍在九十三至 三百一十五公里。截至目前為止，軍購魚叉飛彈最大的一批，是二〇二〇年四百枚岸置機動飛彈，最大射程約一百三十公里。

軍武界的「最大射程」通常指「理想環境」下的最大射程。好比無風、無雨，溫度與濕度皆宜，飛彈系統處於完美狀態，推送火藥所能支撐的最遠直線距離。現實世界理想環境存在的機率很低，因而在實戰，「最大射程」只能當參考，通常至少要打個八、九折。

綜合前述資料，敵登陸船團距離臺灣多遠，適合下令國軍集火還擊？我的選擇是八十公里。八十公里除了北部一小段，大部分已越過海峽中線，這可讓臺灣站穩道德制高點。另外，這距離除了上述九型飛彈可以集火攻擊，海、空作戰也沒有「奔赴戰場」的時間差，因為戰艦在港內、戰機一起飛就可以發射飛彈。再精確地說，八十公里是我方防空飛彈的涵蓋範圍，且能同時對敵船團遂行陸、海、空聯合火力打擊。然若超過八十公里，上述條件部分無法成立。

理論上而言，國軍對敵人登陸船團發起攻擊，敵人也會用盡手段對我作戰部隊攻擊，看起來雙方條件概等，其實國軍站了環境優勢，因為我方艦艇近岸，戰機沿海，不僅指管容易，更可藉複雜的地形地物增加敵人雷達或飛彈「目標偵獲與鑑別」的難度。反之中共船團航行於大海，背景環境相對單純、「乾淨」許多。

等敵人距離臺灣八十公里便是濱海決勝發起攻擊的時機。從上述分析可知，八十這「數字」完全不是重點，重點在戰場掌握與指揮管制，以及目標鑑別與火力發揚。假如未來籌獲的武器與裝備具有不同性能，濱海決勝的發起距離自然要跟著修正。

（二）濱海決勝戰法

執行濱海決勝的過程中要注意：

1. 為避免曝露攻擊部隊的位置：

A、全程無線電發射管制。

B、所有單位聽從指揮中心統一管制，每次攻擊一、兩分鐘就結束。攻擊時間短，曝露陣地的機率低，相對提高安全性。

2. 由於戰場在觀通系統的監控範圍內，攻擊結束後應盡速評估戰果，並據以決定是否要進行下一次攻擊。

3.濱海決勝的成敗決之於「統一指揮」，作戰中心透過資料鏈傳給各單位的資料包含：

A、目標位置。

B、發射飛彈的類型、數量、時間。

濱海決勝是中距離飛彈作戰，我方攻擊的戰略目標為體積較大、雷達橫截面較明顯的人員運輸艦。由於國軍擁有的三型攻艦飛彈都是主動歸向，戰時只要接收資料鏈傳來的資料，整個發射過程都可保持無線電發射靜止。再看發射載台，從戰機、戰艦、快艇、平戰轉換的海巡艦、陸基飛彈基地、移動式車載系統，同一時間發動攻擊，多種類、多來向，不單提高敵人「打擊發射源」的難度，更讓登陸船團防不勝防。

至於登陸船團附近空域，因為在我方防空飛彈的射程之內，理論上中共戰機不會逗留。再加上我方戰機也不會朝中線接近，所以海峽空域雙方戰機都應處於「拒止」狀態。也因此，濱海決勝的主要內涵，是我方陸、海、空同時使用攻艦飛彈，集中火力對敵登陸船團攻擊。

戰場千變萬化，不是幾篇文章、幾本著作就能清楚律定。濱海決勝的大原則是針對敵登陸船團的人員運輸艦，至於其他目標，要慎重考慮我們擁有的資源，不要什麼都想打、什麼都想防，因為戰爭還未到最後的生死關頭。

國軍若能依據相關計畫落實訓練，理想的濱海決勝過程如下：

1. 看似被打趴，沒有反擊能力的國軍，猛然間如雄獅乍醒，在一、兩分鐘內發起鋪天蓋地的飛彈攻擊。
2. 中共登陸船團一陣手忙腳亂，假設戰略重心能夠存活，二、三十分鐘後將再次面對促不及防、鋪天蓋地的飛彈攻擊。
3. 如此反覆三到四次，大約一至兩個小時結束濱海決勝階段。

四、灘岸殲敵

濱海決勝是希望透過國軍綿密、強大、群湧、間斷的反擊能力，讓中共知難而退，避免戰爭進入下一階段。下一階段是「不是你死，就是我亡」的生死之鬥，國軍的任務從「決勝」提升到「殲敵」，也就是本節的「灘岸殲敵」。

假如國軍守不住這一關，敵人搶灘成功，國軍再想逆轉勝，難度不只於十倍、百倍於灘岸殲敵，縱然僥倖勝戰，以臺灣土地之小、人口密度之高，可預見戰火之激烈、傷亡之慘重，恐怕會創下近三、四十年人類戰爭史之「最」。為了避免最慘重的戰況發生，灘岸殲敵階段國軍要清楚地告訴自己：「生死就在今朝，就是此時此刻，明天不是英雄就成烈士。」若能抱持這種「沒有明天」的悲壯情懷，作戰部隊才會竭盡所能、用盡手段、發揚最大火力，阻止敵登陸部隊站上臺灣的土地。

(一) 攻擊時機

這階段是全然、絕對的攻勢作戰，彈藥在精準的原則下，無須做任何保留。至於攻擊發起時間，首要考量仍是「火力發揚」。而其攻擊型式，大致可分成「視距外」與「視距內」。

1. 視距外：目標在視線以外。戰術基本同濱海決勝，必須由作戰指揮中心統一管制，同樣是集火攻擊敵人員運輸艦；能夠運用的武器分以下三類：

(1) 攻艦飛彈：濱海決勝階段未使用的攻艦飛彈。

(2) 多管火箭系統。

(3) 陸軍各式長程火炮，最大射程在十五至四十公里。

2.視距內：在視界良好，沒有阻礙物的沙灘，針對直升機或登陸艇這種小目標，視距通常為五至八公里。若藉助雷達或望遠鏡，再依觀察點的高度，距離可增加到十至十五公里。這時敵人已經來到眼前，登陸迫在眉睫，所有作戰部隊接受「現場指揮官」的管制，在有效的前提下，發揚最大火力，攻擊所有看得到、最接近自己的目標。

上述兩點是灘岸殲敵的戰術原則，這中間有一個最具威力的武器，那就是中科院自行研發與生產的雷霆兩千多管火箭系統。雷霆兩千分MK15、MK30，以及MK45三型，射程如它的型式所示，分別為十五、三十，以及四十五公里。彈頭分兩種，一種是「鋼珠高爆戰鬥部」，另一是「人員／軟性目標雙用戰鬥部」。

以MK45為例，單座發射車可以在四十八秒內射出十二枚火箭。若使用「鋼珠高爆戰鬥部」，每枚火箭擁有兩萬五千顆直徑八公厘鋼珠，彈頭引爆後的鋼珠初速約每秒一千至一千六百公尺，足以貫穿四．七五公厘鋼板。至於「人員／軟性目標雙用戰鬥部」，每枚火箭可搭載五百一十八枚雙效彈頭，質量各相當於一枚手榴彈，在彈道終端採用螺旋軌跡飛行並大量散布鋼質破片，攻擊角度由上而下，足以貫穿「八至十公分厚」裝甲。

雷霆兩千是登陸船團的致命剋星，因為所有軍事裝備最脆弱的部位是「正上方」，也正是雷霆兩千「從天而降」的攻擊角度。再以MK45為例，十二枚火箭擁有三十萬顆鋼珠，覆蓋的面積達兩萬平方公尺，如同十八座足球場，每平方公尺平均分布十五顆鋼珠，不管是登陸艇、氣墊船、戰艦、兩棲攻擊艦、人員運輸艦，或甚至航空母艦，只要在雷霆兩千「天女散花」的覆蓋下，可說是摧枯拉朽、無堅不摧。

綜合以上分析資料，如果敵登陸船團在濱海決勝中存活，繼續向臺灣航進，何時最適合發起灘岸殲敵？我的選擇是三十公里，因為這是最大火力發揚之地。再遠，無法使用關鍵的雷霆兩千；再近，一可能錯過雷霆兩千MK45的最佳攻擊距離，二則是接近攻艦飛彈的內射界。同樣，「三十」這數字不是重點，重點在火力發揚。倘若未來籌獲的武器與裝備具有不同的性能，灘岸殲敵的發起距離自然也要跟著修正。

（二）灘岸殲敵戰法

兩岸戰爭如果持續進行到灘岸殲敵階段，敵人若無絕對的空、海火力優勢，登陸作戰不太可能打到這個階段。所以合理的想定是：國軍部分主力戰艦失去功能，剩餘的在東岸進行戰力保存。至於戰機，就算毫髮無損，也因機場跑道損壞而無法起降。這時殘存的防空飛彈難以左右大局。至於重型坦克或長程火炮，若部署於空曠的灘頭，在敵人空中攻擊下無異坐以待斃的活靶；假如隱藏在較遠處的地形地物之中，由於無法目視，僅僅朝某個海面發射，大部分彈著只會產生毫無殺傷力的水花。

國軍耗費龐大預算建置的傳統戰力，不可能阻擋敵人占於相對優勢的傳統戰力，結果就是如此——國家生死存亡之際，不是已經被摧毀，就是被迫離開戰場。這時大部分的希望都只能寄託在不對稱戰力。灘岸殲敵的具體作法如下：

1. 視距外攻擊：重點同濱海決勝，也就是接受作戰中心統一管制，每次攻擊一、兩分鐘，作戰中心盡速評估戰果，並決定是否要進行下一次攻擊。

2. 視距內攻擊：

(1) 場景幾乎退回二次大戰的諾曼地登陸，不過攻守雙方都使用速度更快、射程更遠、彈著更準、殺傷力更強的武器與裝備，以致大幅增加戰爭的血腥程度，但戰鬥期程會縮短。

(2) 這是最後阻止敵人登陸的機會，灘頭部隊要抱定「離此一步，即無死所」的心情，無須考慮還剩多少彈藥，只要能夠掌握打得準的原則就盡量打、全力打。

(3)戰況若不順利，聽從統一的撤退命令，前往事先安排的待命地點，靜候下一個行動命令。

3.預置戰場障礙：從中共發起第一擊，到登陸船團進入十公里的視界內，國軍約有四、五個小時的準備時間。時間雖然緊迫，仍可預置以下戰場障礙：

(1)海軍快艇協助蚵架拖放。

(2)海軍快速布雷艦負責深水區布雷，陸戰隊負責淺水區布雷。

(3)現場指揮官整合民力，負責建置灘頭障礙，包含沙灘鋪設地雷。

濱海決勝以海、空軍為主，陸軍為輔。灘岸殲敵階段主客易位，不單以陸軍為主，根本是使用陸軍各式人攜式飛彈、火箭、火炮、機槍，層層疊疊布下的天羅地網。

勝與敗，不單取決於雙方的實力，更重要的是戰略。誰說臺灣必處於挨打的位置？誰又敢論斷臺灣必敗？台海戰爭推演至此，國軍除了必須承受第一擊，接續的濱海決勝與灘岸殲敵都是全然的攻勢作為，火力之密、之強、之猛，恐怕是人類戰爭史之「最」。假如國軍能夠落實戰力防護，並按計畫遂行濱海決勝與灘岸殲敵，「首戰即決戰」為什麼不能列為臺灣的戰略目標？

五、全民防衛

談到「全民防衛」，容易讓人聯想到未來的台海戰爭，舉國上下無分男女，都要拿槍上戰場；其次是全國所有資源，全要交給軍方運用。這是兩個錯誤的觀念。防衛作戰因為在自家院子進行，所以必然關係到全民，絕不僅僅是現役或後備軍人。可是講到全民防衛，許多人認為臺灣人安逸日子過久了，所以缺乏抗敵意志。假如你也這麼認為，請問參加韓戰的中國士兵，或是參加越戰的美國士兵，他們有抗敵意志嗎？戰爭何其殘酷，哪個正常人自願上戰場？問題是他們有選擇嗎？如果沒有，有抗敵意志如何？沒有抗敵意志又如何？都得拿起槍，乖乖地上戰場。到了戰場，他是勇敢或怯弱，是衝鋒陷陣或東躲西藏，一方面決之於個性，但是更大的一方面決之於「制度」。

個性與生俱來，完全勉強不得。制度操之於政府，好比思想教育、軍事訓練、戰爭準備，特別是提出一個邏輯、可能成功的戰略，讓部隊有所遵循、有所信仰、有所奮鬥，果能如此，就算是個性怯弱的士兵，不也會從內心滋生出一股戰鬥意志？

抗敵意志故然重要，但不關鍵。關鍵在制度，也就是面對可能的威脅，政府有什麼作法、有什麼戰略，能否能贏得人民的信任？當然，有人認為臺灣藍綠分歧、內鬥嚴重，想要凝聚全民共識反抗武統，絕對是不可能的任務。針對此點，伊拉克戰爭或許能給臺灣一些啟示。

二〇〇三年四月，美軍攻擊伊拉克，如秋風掃落葉般的戰鬥僅花了十五天，官兵死亡不過六十五人。可是一年以後，美軍在統治期間死亡人數增加了十倍。兩年之後，死亡更高達二十四倍。從大幅升高的美軍死亡人數來看，活躍在伊拉克境內的反美游擊隊，理應獲得大部分人民的支持。然而二〇〇五年一月，伊拉克舉辦美國在背後操縱的大選，游擊隊威脅人民不得投票，否則格殺勿論。結果投票率接近七成，可見支持游擊隊的人民不到三成。

縱然「支持度」不到三成，也可形成一定的共識，進而產生可畏的戰力，讓強大如美國都痛苦不堪。

這還是伊拉克，擁有一大片平坦的沙漠地形，不適合游擊隊作戰。根據民調，如今臺灣支持獨立的民眾超過五成，高度城市化，遠比伊拉克具備更多的天然屏障，有利於狙擊與游擊戰。這種不對稱作戰不需要昂貴的武器，無須集結龐大的兵力，是以小搏大有利的選項。假如臺灣能夠建立類似的制度，明確展示不屈服的決心與實力，北京會不猶豫再三？會不打消武統的念頭？這不就達成我們嚇阻，追求和平的最高目標？

（一）後備改革

1.核心政策

後備改革的重點不在訓期長短或教召人數多寡，那是細微末節，成敗關鍵在以下兩大政策：

(1)任務指定：也就是戰時期望後備軍人做什麼事？倘若期望如正規軍，請為他們準備坦克、大炮；如果打游擊，請換成輕武器；若只是維護社會治安，口哨與電擊棒便已足夠。臺灣擁有兩百三十萬後備部隊，單單是每人發一把槍、每天將他們餵飽，國防部就力有未逮，戰時怎麼可能全數執行同樣的任務？如何事先依個人專長與年齡，各別賦予不同的任務，再依據任務配備不同的裝備與訓練，是發揮後備力量的首要。

(2)動員流程：越複雜、越冗長的流程，成功的機率越低。須知戰時的環境十分惡劣，好比斷電、斷水，通訊與交通阻斷，駭客橫行，網路充斥假新聞，人心惶惶等。若這時才展開後備動員，再分別通知每個人何時到哪裡報到，成功率有多少？較理想的方式是「預先規劃」，一旦進入一級戰備，無需政府個別通知，所有後備軍人都必須依據事先擬定的計畫，在時限內自行前往指定地點，領取指定的裝備，執行指定的任務。

2. 役期長短

義務役士兵依專業需求，大致上可分「技術兵」與「一般兵」。技術兵包含海軍、空軍的大部分，以及陸軍的少部分，他們必須學習複雜裝備的操作、保養、故障排除。當年我從官校畢業，海軍艦艇兵役期為三年，通常一年才能進入狀況，兩年以後成熟，第三年可獨當一面。至於一般兵，基本上跑得快、跳得高、手榴彈扔得遠，熟悉槍枝射擊與可攜式武器使用，就能夠成為一名合格的戰鬥兵。

針對技術兵，役期一年也不夠。可是一般兵，假如能排除與訓練無關的干擾，四個月相當足夠。然而現今部隊有多少與訓練無關的干擾？以海軍艦艇為例，每週休假兩天、週四莒光日，單是這兩項免不了的活動就占了每週七天的三天。其餘時間還可能要應付軍歌比賽、開會、週會、公差、裝備保養校閱、人員服裝校閱、上級單位檢查、開放參觀、高級長官蒞艦等的準備工作，假如能計算士兵實際用於訓練的時間，比例鐵定低到嚇人。

部隊能否排除這些與訓練無關的工作？只要待過軍中，會清楚沒有可能。因此將兵役延長一年，讓役男下部隊，最終實際用於訓練的時間必短於四個月。為何不將他們留在訓練中心，全程針對可能面對的戰時任務給予專精訓練？盡量減少甚至排除不必要的活動，例如週會、出公差、唱軍歌、基本教練、莒拳、政治教育、長跑、游泳……，不是說這些訓練不重要，而是短短的四個月能夠達到什麼效果？樣樣都學的結果，不就是樣樣無學？

3. 任務分配

四個月役期，能夠應付未來的戰爭嗎？

技術兵必須依賴志願役。萬一爆發戰爭，緊急召回一、兩年內退伍的官士兵，回原單位補足現役缺額。之後隨著戰爭進行，高價載台例如戰機、戰艦、飛彈等不單越打越少，而且消耗的速度必然非常快，因而技術兵「補足現役缺額」就已十分足夠。至於一般兵，召回三、四年內退伍的志願役，擴編至現役部隊編制的一・二至一・三倍，同樣隨著部隊越打越少，也必可滿足戰時所需。若能如此安排，兩百多萬後備部隊的運用，較可行的作法如下：

⑴補充現役部隊：如前所述，這部分約需四、五萬人。

⑵成立後備旅：志願役退伍八年之內，義務役退伍四年之內，總數約二、三十萬人，基本上配發可攜式武器執行「次要任務」。

⑶維護社會穩定：扣除前述⑴、⑵項所需，其餘後備部隊全數投入地方消防、救災、交通維護、反暴動、後方戰鬥支援等工作。

（二）全民動員機制

防衛戰在自家院子進行，戰爭面極其廣，需要各式各樣的人力從事各式各樣的工作，這是打贏防衛戰的一大關鍵。至於具體作法，大致可參考以下邏輯：

1.動員人力：現役與後備部隊，以及自願拿武器上戰場，保護城鄉的「國土防衛部隊」。國土防衛部隊類似民兵，以在地編組為原則，隱藏於城鎮之中，使用單兵武器，逐行打帶跑游擊戰。

2.動員物力：所有戰爭可能用到的資源，例如燃油、汽機車、機漁船、商船、貨輪、飛機。

3.全民防衛指揮中心：這是一個龐大、複雜的樹狀組織，上自國家級指揮中心，下到各直轄市、縣市、鄉鎮、里鄰，各有不同的權責，也各有明確的獎勵與處分條例。

4.戰備等級：倘若中共可能發動武統，政府依據威脅發布全國進入四級、三級、二級，以及一級戰備。四級戰備成立國家級與直轄市指揮中心，三級戰備成立縣市指揮中心，二級戰備成立鄉鎮指揮中心，一級戰備成立里、鄰指揮所。

5.任務編組：政府列出數十項戰爭「需求」，好比媒體、網路、醫療、看護、消防、交管、街巡、治安維護、駕駛、貨物運送、行動隊等，總之要預想在戰時最糟糕的狀況下，為了維持國家運作與社會治安，需要哪些專長的人從事哪些工作？

6.戰時識別證：兩百多萬後備部隊，除了「補充現役」與組建「後備旅」所需人力，其餘全數投入社會治安的維護工作，他們依據政府列出的戰時需求表，再參考自己的專長、興趣、居住地等，依序填選數項選擇。政府參考每個人的意願，事先進行編組，並製作「戰時識別證」：

(1)戰時識別證是一張精心設計、高度防偽的名牌。

(2)全國進入一級戰備，無需任何通知，每個人都必須將「戰時識別證」掛於胸前，並依據識別證登載的內容前往指定地點、領取指定工具、納編到指定的行動小組、擔任某一項職務、執行某一項工作。

六、戰爭想定

三棲登陸作戰必須動員龐大的兵力，假如臺灣事先沒有預警，我們的情報機構大概已經失能到眼瞎耳聾的地步。果真如此，這場戰爭不戰已敗，其餘所有作為都難以力挽狂瀾。也因此，本想定是基於臺灣有所警覺，全民防衛依威脅而逐級提升戰備，納編的物資與人員越來越廣，規定越來越嚴。等戰備升至二級，現役部隊分散部署到戰鬥待命位置，後備役人員到指定地點報到，國土防衛部隊前往平日訓練處所，領取所需的武器與彈藥，並直接帶回家裡收藏。其餘除了維持政府運作的必要人員，如警消、海巡、醫護、各級指揮中心的工作人員等，全國停止上班上課，所有人在住處待命。也在二級的時候，可能使用的器具配發到最基層的「里指揮所」。

二級戰備若能做到以上條件，臺灣已整合全國的人力與物力，上下一心、整戈待旦，等到中共發動第一擊，依序作為與想定如下：

1.發布一級戰備，成立里、鄰指揮所，所有媒體只能轉播指揮中心的戰況報導。由於這時可能處於停電狀態，指揮中心必須妥善運用手機，逐級向下傳送即時戰況、緊急通知、臨時命令，以及注意事項等。

2.國土防衛部隊攜帶已配發的武器彈藥，前往指定地點集結，等待後續戰鬥命令。

3.負責維護治安的後備部隊將戰時識別證掛於胸前，行動大致區分成三類：

(1)前往「里指揮所」領取一般工具，如安全頭盔、閃光棒、電擊棒、口哨、背心、對講機等。

(2)攜帶自有，但被徵召的產物前往指定地點報到。

(3)無須任何工具，直接前往任務地點報到。

4.各里依據里民人數成立一至數個街巡小組，各由數位警察配合數位退休軍警組成，駕車或騎乘機車在防區內機動巡邏，見到未配掛戰時識別證的人員便進行盤查，若行動可疑，直接通知行動隊拘捕。而即使配掛戰時識別證，若行動可疑也要進行盤檢。戰時識別證有一組條碼，儀器掃瞄後可顯示所有資訊，如果持有人出現在不該出現的地點，同樣巡行拘捕。

5. 鄰指揮所挨家挨戶拜訪，除了協助老弱殘疾的照顧，更要督導居民依規定落實動員令，對不服命令的人士，直接報告里指揮所，再由里指揮所派遣行動隊前往拘捕。

戰爭所應考慮的事項千頭萬緒，以上所列或許不及所需的百分之一。詳細實施計畫務必由國安單位主導，跨部會成立規劃小組，先擬定初步計畫，而後每年至少進行數次指揮層級兵推、一次全國總動員的實兵演練，逐次找出計畫的錯誤與困難點，一次一次修訂，一次一次完備，最終對兩岸和平會有多大的貢獻！

別忘了**建軍的首要在嚇阻，而「存在就是力量」是嚇阻的關鍵**。假如政府能夠排除萬難，堅定落實全民防衛機制，每當實施全國總動員的實兵演練，不管提升戰力的效果是真或假、是實或虛，當人民看到身邊發生的這一切，內心會不生起「我們好團結」、「我們戰力好強」、「誰敢欺侮我們」的信念？

反過來，設身處地站在北京的立場，他們敢忽視此類全民展現的戰力嗎？中共領導人心裡會清楚地明白，兩岸戰爭絕不只是單純的軍事力量對決，而是解放軍的「部分軍事力量」，對上全臺灣的「人力+物力」，如此一來，北京還敢莽撞地發動武統嗎？

第七章
兩岸

中共非中國，台獨非臺灣

兩岸分裂分治七十多年，雙方關係發展至今，臺灣大部分的民意不會接受統一，中共的使命不會放棄統一，又因兩方實力差距越來越大，所以一場腥風血雨的武統看起來勢在必行。另外，誠如第一章「戰力方程式」內容，縱然跨海登陸作戰，攻方需具備守方五倍的兵力，中共仍具有優勢，臺灣必須採取以小搏大的不對稱作戰。

一、兩岸必有一戰？

基於台海局勢劍拔弩張，許多戰略專家評估未來兩岸必有一戰。然而世事難料，不管處於什麼形勢，「必有」兩字都難免失之於武斷。

若說人類近代史，處心積慮想要發動戰爭的狂人，希特勒定然名列前茅。可是當二次世界大戰結束，美國總統羅斯福某日與英國首相邱吉爾聊天，羅斯福說他正在向公眾徵求意見，詢問二戰應該起個什麼名稱？邱吉爾想都不想，脫口便說：「不需要的戰爭。」接著邱吉爾解釋：人類歷史，從來沒有一次戰爭比二戰更容易加以制止。

邱吉爾有「英國第一偉人」之稱，一生眼光銳利、料事如神，以職業軍人出身的背景，竟然能以一部《第二次世界大戰回憶錄》獲得諾貝爾文學獎。這本巨著裡面，他開宗明義地在「序言」中就提到了這段軼事，緊接著於第一章「勝利者的蠢事」內文，懊惱萬分地分析由於決策者的荒謬、自大、天真、錯判、猶豫不決，當危險的徵候出現時不加以正視，這才導致「可以很容易避免的二戰」，成為人類歷史死傷最慘重的戰爭。

假如戰爭狂人希特勒處心積慮發動的戰爭，在智者眼中都可以被視為「很容易避免」，兩岸統獨之爭又有什麼理由「必有」一戰？

二〇一〇年三月，韓國海軍天安艦在巡弋時遭到擊沉，造成艦上四十六位官兵喪生。事發後，由澳大利亞、加拿大、瑞典、英國，以及美國軍事專家組成國際調查小組，最終得到「天安艦是遭到朝鮮魚雷攻擊」的結論。天安艦事件或許能給兩岸一些啟示。北京和台北應設身處地思考：類似事件如果發生在台海，兩岸會如何處理此危機？

我們這一代是中國五千年歷史長河中，極少數幸運的一代。因為從出生到今天，不管國際局勢如何變化，兩岸關係多麼緊繃，戰爭從不曾發生在臺灣本島。別說一般平民百姓，甚至我是從軍二十七年的職業軍人，至今也不曾聽過一次戰火的炮聲，更不曾見過一個戰死在沙場的袍澤。

我們何其幸運！對於這份幸運，應抱持萬分感恩的心，更應竭盡全力，將難得的和平延續下去，直到我們的餘生、我們的兒女、我們的孫兒孫女……，我們做得到嗎？

人類是健忘的動物，否則歷史不會寫了又寫，幾乎都在述說相同的故事。有人說：戰爭是上帝的報復。果真如此，上帝想要報復什麼？懂得居安思危的人不多？和平的日子過久了，天真地以為和平乃天經地義？掀起戰爭的野心分子總是披著民主鬥士、正義人士、民族英雄的外衣，小老百姓卻看不清楚事實。

什麼是事實？

所謂敵人，是要你去戰場送死的人，不管他站在哪一邊；那些喊打喊殺的人，通常都不必上戰場；而喊得越大聲、罵得越凶狠的人，戰爭一旦開打，通常跑得也越快。

二、人民何辜？

十三世紀初，成吉思汗領導的蒙古崛起。同一時期在中亞一帶，另有一個龐大的帝國「花剌子模」，由於擁有豐富的水資源，因而成為農業高度發達、手工業興盛的強國。

一二一四年，花剌子模國王「摩訶末」派遣使節團前往蒙古，希望與蒙古建立貿易往來。成吉思汗明白國際貿易的重要性，不僅同意，甚至在沿途派遣軍隊保護往來商隊的安全。本來是各取所需、互利互惠的貿易往來，然而在一二一八年，一支龐大的蒙古商隊途經花剌子模邊城「訛答剌」，守將「亦納勒術」看到商隊攜帶的大量財寶起了貪念，不分青紅皂白將商隊關了起來，再向國王報告，說商隊藏有成吉思汗派來的間諜。

國王不明究理，也未經過調查就信以為真。於是，亦納勒術將商隊成員處以死刑，大量金銀財寶盡入手中。

成吉思汗得知此事後大怒，派遣使節團前往花剌子模，要求國王將守將亦納勒術交給蒙古究責。不幸的是，花剌子模是比蒙古還要強大的帝國，國王驕狂自負，不單沒有同意成吉思汗的要求，甚至將使節團的正使斬首，並燒掉兩位副使的鬍鬚。

沒有鬍鬚對蒙古男人是奇恥大辱，嚴重性比當眾剝光衣服還要令人難堪。看到兩位鬍鬚被燒掉的副使，怒不可遏的成吉思汗親率二十萬大軍，浩浩蕩蕩長途奔襲數千里之外，擁有四十萬正規軍的花剌子模。

花剌子模一戰而潰，國王倉皇逃命，蒙古大軍所到之處，所有堅固的城堡盡皆遭到摧毀，全國男性俘虜除了工匠，其餘全被處死，五十萬女性俘虜則分配給蒙古士兵做奴隸。

這是一個極端殘酷的戰史，卻清楚說明了一個簡單的事實：自古以來，戰爭總是由少數愚蠢、狂妄的統治階層挑起，然而最後為戰爭買單的卻是底層廣大、無辜的民眾。

戰爭的殘酷毋庸置疑，避戰本應為所有國家領導人義不容辭的責任。話雖如此，但某些有限、局部戰爭，戰爭的規模可以控制，損害也在能夠承受的範圍之內。更重要的是，戰爭不會傷害到「發動戰爭者」的生命、財產、權力，甚至反而會因為「戰爭時期」而擴大他的權力，給予他上下其手、整肅異己的機會，對於這類領導階層而言，為何不發動戰爭？在他們眼中，對外戰爭是維護國內政局穩定、族群團結、文化提昇的一環，犧牲少數人民的生命得以換取此「大我」成果，不值得嗎？

另外，如果戰敗的後果比投降更慘，小國也會勇往直前。特別是決定開戰的那群領導菁英，反正戰敗以後可以溜之大吉，順道把巨額外匯帶走，逃到國外成立流亡政府，繼續為復國努力，繼續吃香喝辣，如此一來，戰爭有何可怕之處？

三、俄烏戰爭給兩岸的啟示

——人生在世不是為了受苦，更不是為了去死，而是在追逐自己想過的幸福日子

早年講到武統，由於變數太多，針對中共會如何打，臺灣要如何因應的問題，專家們各持己見，一般民眾則如霧裡看花。針對這個缺點，上帝對兩岸是何等地眷顧，處於海峽劍拔弩張之際，祂透過俄烏戰爭，拿俄羅斯與烏克蘭人民的血汗與生命，為兩岸上了一堂寶貴的課：台海如果爆發戰爭，兩岸可能面對的問題，以及必須承擔的後果。

（一）北京

對於北京，至少應領悟以下四個教訓：

1. 台海戰爭之鑰操之於美國，因為代理人往紅線移動的速度，完全決之於華盛頓釋放多少誘餌。這也是某些戰略專家所言，「台海戰爭由華盛頓決定何時打，臺北決定打多慘，北京決定打多久」的原因。
2. 武統若無法速戰速決，北京勢將面對國際鋪天蓋地的經濟、外交，以及道德制裁。今日

俄羅斯，明日中國，北京應引以為戒。

3.考量兩岸「軍力對比」與「地理環境」因素，武統的難度遠超過俄羅斯侵犯烏克蘭。因而若無神機妙算般的謀略，想要速戰速決，幾乎難如登天。

4.正因為難如登天，北京不動則已，動應直指臺北。否則在國際聲援下，可預見的是臺北不會屈服。如果臺北不屈服，武統十之八、九會演變成曠日彌久的消耗戰，這也是武統「打多慘」的決定權在臺北的原因。

（二）臺北

臺北應看清楚以下五個現實：

1,不要認為武統不可能。正如同俄烏戰爭之前，大多數軍事與戰略專家都認為俄羅斯不會侵略烏克蘭。然而他們忘了，對於人治色彩濃厚的國家，啟戰只在領導人的一念之間。

2.不要期望外國軍隊介入。臺灣的安全必須由我們的子弟，也就是臺灣人的生命來捍衛。

3.什麼武器與戰術有效，什麼武器與戰術無效，俄烏戰場提供了示範。不要再浪費有限的國防預算，購買那些看起來耀眼，戰時卻難以發揮效益的華麗載台。

4.倘若爆發武統，臺灣想要不敗，勢必打到斷垣殘壁的城鎮戰。這是烏克蘭以小搏大的現實，也是華盛頓處心積慮的謀略。拖垮中國，為老大消滅如芒刺在背的老二，付出生命代價的是臺灣人。

5.武統是主權之爭，本質是有限戰爭，不是「非得拚個你死我活」的無限戰爭。儘管如此，戰爭一旦開打，誰也無法控制它的走向，難保不轉變成無限戰爭。另外，刀槍無眼，炮彈也無法分辨誰是反戰、誰是好戰？又因戰場在我們家園，所以縱然是一場有限戰爭，對臺灣人也必定腥風血雨。

最後講一句兩岸都應看透，再明顯不過的事實：台海若爆發戰爭，生靈塗炭的損失將由兩岸共同承擔，而獲利最大的將是煽陰風、點鬼火的美國。

四、北京應如何看統獨？

——帶著對現況的尊重，再回頭看歷史，可以得到較為客觀與理性的立場

以目前國際形勢，只要中共不侵略別的國家，哪個國家敢攻打中國？因而和平對北京有如探囊取物。再以現今中國經濟發展的趨勢來看，北京應有自信，統一的時間表站在

中國那一邊。至於應如何處理兩岸問題，希望北京能把握以下幾個原則：

（一）統一的本質是侵略

「統一」兩字講得義正詞嚴，似乎是每一個中國人的神聖使命，然而它的本質不就是侵略？否則，為什麼不是臺灣統一中國？為什麼香港的「回歸」不叫統一？

統一是併吞，不是合併。「被統一」以後的實質就是「國家」被消滅，例如秦朝統一六國、北越統一南越。也因此，站在北京的立場，統一似乎占據了歷史的高度。也誠如中共的堅持，統一臺灣既是中國的內政，也是內戰的延續，不是國與國之間的戰爭。但假如能換個角度，不管從臺北或其他國家的觀點，武統的本質就是一場兵戎相見的武裝侵略戰爭。

當一個國家對另外一個國家，或另外一個地區發動武裝侵略戰爭，不管基於什麼理由，都不具備道德高度，更不要講得義正詞嚴。

（二）站在臺灣的立場

看到「站在臺灣的立場」，或許有人想問：為什麼不站在中國的立場？這問題得這麼想：聽過「既生瑜，何生亮」這句話吧？請問有此心結的是周瑜或諸葛亮？強者諸葛亮可能抱怨老天：既生瑜，何生亮？有此心結的當然是弱者周瑜。

弱者因為受壓迫、可能失敗的危機意識，內心的想法和強者大不相同。強者應有強者風範，請多多體諒弱者的不安心態。也因此，針對統獨，請北京站在臺灣的立場看問題。

如果能站在別人的立場看問題，許多事情都會有截然不同的結果。好比說評論中共治國的方法，許多你們認為天經地義，臺灣人眼中卻是專制、霸道、不民主。例如北京一聲令下便可限制人民前往某國旅遊；某個藝人說了句不得體的話，便立刻遭到所有媒體封殺；許多先進國家通行無阻的套裝軟體，想在中國使用就得翻牆……。雖然這些政策北京都有許多正當、必要的理由，可是站在臺灣人的立場，那代表「國家力量太強」。許多你們認為天經地義的事，臺灣人看得暗自心驚。一件、兩件、三件……，再經過臺灣媒體抹黑、放大、污名化、加油添醋……，久了只會讓臺灣人對共產黨的統治產生憂慮。隨同憂慮衍生的副作用是「不信任」。

和臺灣談統獨，首先應站在臺灣人的立場看問題。或是說，站在對方的立場看問題，而不是站在「自己的立場」看問題。更正確地說，站在「客觀的立場」看問題，而不是站在「主觀的立場」看問題。

如果能站在臺灣人的立場看統獨，你們會明白大部分臺灣人的心理，進而說出「臺灣人聽得懂的語言」，提出「臺灣人能夠接受的政策」，如此才有達成和平統一的可能。

（三）站在中華民族的高度

縱觀全球所有華人生活區，臺灣保有最濃的中華文化，培養出最活潑的民主氣息，健保一流，社會福利越做越好。從中共的角度看臺灣有如芒刺在背，但若把觀察的角度拉到中華民族的高度，臺灣反而是花園裡的一株奇花異草。

面對奇花異草，園丁的責任是盡心呵護，不是除之而後快。也因此，只要能滿足統一的前提，就中華民族的宏觀視野來看，北京應竭盡所能維持臺灣現有的體制與生活方式，不妨放開手、打開心，看臺灣能長成什麼樣子？又能在歷史寫下什麼篇章？

（四）展現強者的大度與自信

三、四十年前中國是什麼樣子？今天是什麼樣子？如果依照過去三、四十年的模式，接下來再走三、四十年，中國又將會變成什麼樣子？

很簡單的問題，每一個中國人都應該認真地想一想。特別是中共領導人，不僅要認真想，更應把它當成自己責無旁貸的使命。如何達成這個使命？基本原則只有兩個：

1. 對外不捲入如韓戰般的大型戰爭。
2. 對內不挑起如文化大革命般的血腥鬥爭。

看似簡單，殘酷現實的世界卻不是一件容易的事，因為某些國家必然會憂心中國的崛起，試圖挑起各種事端、製造各種陰謀，總希望把中國打趴打掛。想要穩當地再走三、四十年，那需要高度的政治智慧，配上夠身分的硬實力，再輔以打落牙齒和血吞的忍耐。

果真能穩當地再走三、四十年，中國的國力會達到什麼程度？屆時所有現今遭遇的重大問題，不都可能因時間而自然化解？

最近二十年臺灣的經濟在原地踏步，中國進步神速。實踐是檢驗真理唯一的標準。

北京應有足夠的自信，不久的將來在各方面都會超越臺灣。如果勝券在握，何愁臺灣遠離中國？面對臺灣，請北京展現強者的大度與自信。

（五）最小的改變

什麼是一中原則、九二共識、一國兩制？談到這些話題，很少臺灣人能夠說得清楚，因為它的內容太多、太長。內容越多、越長，升斗小民越不容易接受，而且被解釋與操弄的空間越大，也越容易被反對陣營扭曲。

統一的話語務必「精簡」。最精簡的統一話語是對臺灣現有體制進行「最小的改變」，也就是僅僅改變「稱謂」，或是更正確地說，放棄「中華民國」。

放棄國家稱謂以後，所有相關機關要跟隨改成什麼名字，可以討論。除了稱謂，其餘所有制度與生活方式全然不變。什麼黨政軍如何、司法終審機關在哪、多少年不變……，這都不應擺在統一的討論範疇之內。

從北京的角度看臺北，什麼是統一？簡簡單單、明明確確、清清楚楚，就是「放棄國家稱謂」六個字。除此以外，還有其他額外的想法與要求嗎？這些額外的想法與要求，是必要的嗎？兩岸雖同文同種，畢竟分裂分治七十多年，如今各有各的想法與習慣；在統一的前提下，有必要要求臺灣人依照北京的規定過日子？

（六）最堅實的保證

許多人反對一國兩制，不是制度的內容，而是無法信任北京的保證。特別是香港的例子在前，難免讓人懷疑一國兩制是瓦解心防的開始，之後的收放，全由北京決定。也因此，不管開出什麼統一條件，從臺北的立場看，重點在如何確保北京會落實這些條件？

落實的關鍵，不在北京「說」什麼，而是「做」什麼；而不管做什麼，都必須贏得臺灣人民的信任。如果沒有信任，不管說什麼都是廢話。

如何贏得臺灣人民信任？概略想想，方法很多，好比簽訂什麼條約、設立什麼機構，甚至找第三方作保證等。不過，這些方法各有各的利弊，反對者永遠可以找到許多不支持的藉口。今天我提一個建議，或許天馬行空，但大家不妨聽聽、想想：不管臺灣每年編列多少國防經費，北京加碼補助，好比說臺灣GDP的二%，讓臺北逕自進行強化臺灣防衛建設的投資。

尖聲批評之前，不妨想一個更能夠贏得臺灣人民信任，也更堅實的保證。想得出來嗎？如果北京真敢如此同意，請問台獨人士還有什麼「強壯的理由」反對統一？

假如你認為北京絕不可能同意這個荒唐的條件，我想請問：為什麼不同意？擔心臺灣別有居心？「臺灣 vs 中國」是標準的「弱 vs 強」，假如強者不相信弱者，憑什麼要求弱者相信強者？

統一是主權之爭。想要臺灣讓出主權，北京總該付出什麼「實質代價」吧？什麼「一國兩制」、「五十年不變」，這和民進黨高喊「全民團結」、「戰至一兵一卒」的話術，有什麼不同？

（七）速戰速決是武統前提

這包含「沒有把握」速戰速決時絕不啟戰，以及啟戰以後，倘若發現原本「可以速戰速決」的判斷是一個錯誤時也應斷然停戰。北京是侵略方的強者，說停戰就停戰，這是武統「打多久」決定權在北京的原因。

停戰以後，日後找機會再發動一次武統，或從此放棄？提這個問題似乎有數典忘祖之嫌。假如您也這麼想，不妨換個角度思考以下因素：

1. 臺灣以斷垣殘壁、橫屍遍野的慘痛代價，拖垮且醜化崛起的中國，進而確保美國的老大地位，豈不親痛仇快，正中美國下懷？

2. 北京若堅持武統，臺灣卻被打得稀巴爛，中國的經濟、民主、繁榮、國際形象……，會倒退多少年？家破人亡的臺灣人，又將對中國產生多深的仇恨？日後「臺灣問題」豈不千、百倍於今日「香港問題」？

3. 如果清初鄭成功沒有敗退來臺，臺灣至今可能根本不屬於中國的版圖。當年施琅攻台，目的在消滅叛軍亂黨。「偏處一隅的化外之地」臺灣，肯定不會引起大清帝國的興趣。再看後來的局勢發展，野心勃勃的日本可能會趕走荷蘭，將臺灣納入日本版圖。誠如今天的石垣島，即使日本二戰戰敗，也不可能將臺灣「割讓」給中國。如此一來，國共內戰時國民黨誓必死守中國東南沿海，若不幸戰敗，可能跨海退守海南島，或往越南、寮國、緬甸等方向撤退，直到與共產黨拚個你死我活。果真如此，後世將不存在兩岸問題。

4. 兩岸今天之所以敵視，是因為北京想要統一……，或是更正確地說「併吞」臺北。假如抽離此因素，世間最好的例子是英、美。想當年美國從殖民地到徹底獨立、完全不受英國影響，兩國彼此敵對了五、六十年，這中間爆發多次「英國人殺英國人」的戰爭。那時雙方的緊繃關係遠超過今天兩岸，最終不也一樣稱兄道弟？中國擁有五千年悠久的歷史，一、兩百年不過在轉瞬間，不必急於一時，因為語言、血緣、文化是割不斷的臍帶，再加上兩岸地緣如此之近，經濟如此相互扶持，所以一旦不存在主權之爭、沒有誰想要吃掉誰的憂慮，兩岸必定水乳交融、合作密切。不管是哪個陰謀分子，想要見縫插針破壞台海穩定，恐怕難如上青天。

5.天要下雨，娘要嫁人，有些事情就隨他去吧。這類同中國社會的婆媳相處，勉強待在一個屋簷下，磨擦日久終至鬧翻，從此老死不相往來。與其如此，不如保持距離，各住各的屋、各過各的日子，偶爾見面也能維持起碼的尊敬，以及時不時地思念對方的好。

五、臺北應如何看統獨？

——兩個強敵激烈爭鬥的時候，不自量力的弱者卻想介入，那是最危險不過的蠢事。

中國曾經有兩次大批移民來臺，都是因為戰敗；來臺之初，也都念念不忘反攻大陸，鮮有經營與建設臺灣的初心。假如能清楚地瞭解臺灣「倍受統治者忽視」的開發史，進而站在「臺灣人」的角度看「中國」，想必很難激起一絲感恩的心情。不過，日子是往前走、創未來，不是回頭看、算舊帳。站在臺北的角度應該如何看兩岸問題？

（一）創造雙贏的共好

——尼采說：慎選你的敵人，因為最終你會變得跟他一樣

二〇二一年，臺灣對大陸地區出超約一千億美金，而對其他所有國家「總入超」約六百億美金。換言之，若沒有中國這個市場，臺灣進出口貿易總值是逆差，也就是虧損六百億美金。

一個中國撐起了臺灣貿易的順差，中國對臺灣的重要性不言而喻。所謂「顧客是上帝、以客為尊」，能夠從中國獲得如此巨大的利益，臺灣卻如此激烈地仇中、反中，實在是歷史所罕見。

一九八六年民進黨成立，當時我在美國留學，還是一位忠貞的國民黨黨員。民進黨成立的消息傳來，我特別找了幾位同學聚餐喝酒，大家一起為中國有史以來第一個獲准成

立的反對黨乾杯。接下來的日子，若碰到來自臺灣的同學，只要有交情，我都勸他們回台以後盡可能加入民進黨。

許多人搞不清楚，問我是何居心？我的回答很簡單：我愛國民黨，但是我更愛國家；民進黨黨員的素質如果不好，對國家未來的發展是好或壞？如果支持者不足，選舉的時候就容易走偏鋒。假如委員的人數處於劣勢，遇到不公平的表決就可能訴諸暴力。唯有勢均力敵，形成良性的兩黨競爭才是臺灣之福。

同樣的，中共和臺灣敵對七十多年，人民解放軍也曾經是我立誓消滅的邪惡集團。可是遠在三、四十年前，我就衷心期盼中國經濟能夠富裕、政治能夠民主。並非我擁有寬容的心，而是問題要看得透澈。凡事問自己一個最根本的問題：別人的不好，能否帶給你什麼好？

中國經濟如果崩潰，臺灣可能置身事外、不受影響？如果中國民主倒退，墜入類似北韓的獨裁統治，那會不影響台海穩定？

詛咒別人並不能帶給自己任何好處，別人的不幸也不會成為你的幸運。反而，敵人的垮臺有可能拖著你一道落水。別忘了「狗急跳牆」這句古諺。越是危急，下的注也就越重，出的招也越狠毒。一旦陷入困境，只要能挽救危亡，就有可能無所不用其極。

對於兩岸，臺北應抱持雙贏的共好心境。為了自己的好，應祝福別人好，而不是詛咒別人壞。別忘了建立十個朋友，不如少樹立一個敵人。也因此，不管兩岸關係如何變化、如何緊繃，身為小老百姓的我們，都應齊心協力朝共好的目標邁進。理由很簡單，因為我們都是中國人——這是擺在檯面上的大道理；私底下，藏在內心深處的，不也應該如此嗎？

請問支持台獨的朋友，獨立或統一，對我們小老百姓有那麼大的差異嗎？是和或戰，對中國某些民眾或許無關緊要，可是對彈丸之地臺灣，那是天堂與地獄的分野。如果中國不內亂、經濟不崩盤，臺灣可能獨立嗎？果真中國內亂、經濟崩盤、共產黨垮臺，除了獨立，臺灣還能得到什麼利益？如果沒有負面影響，還能從中得到具體利益，從今爾後我們每一個臺灣人都應祈禱共產黨早日垮臺。可是，高牆倒塌能不危及鄰近小屋？既然都是中國人，不管在哪一岸，信仰什麼主義，我們都應誠心祈禱：兩岸能齊心協力創造共榮共富。

自卑感容易產生自大狂，進而形成偏執狂。兩岸的實力過於懸殊，臺北要竭力避免這種心態。

（二）不要妄自菲薄

談到「小國」卻能夠贏得國際尊重者，首推新加坡。二〇二二年三月，新加坡總理李顯龍訪美，他和拜登總統一左一右同坐於白宮，而後共同召開記者會，兩人侃侃而談的畫面透過媒體傳諸全球，直讓人感覺新加坡是堂堂大國。

這個世界，新加坡的確舉足輕重。例如一九九三年辜汪會、二〇一五年馬習會、二〇一八年美朝高峰會，地點都選在新加坡。為什麼這些國際重大事件都選在新加坡？不就是因為新加坡政府的公信力、執政效率、治安、政治立場受到國際的信任與肯定？

與新加坡相比，臺灣人口是它的四倍，土地面積五十倍，GDP二·三倍；再看二〇二二年全球軍力排名，臺灣二十一，新加坡四十二。因而無論從哪個角度看，臺灣的實力都超過新加坡。再簡單一句話：臺灣並不小。可惜的是，臺灣的執政者把自己看小了，也因而把國家做小了。

這麼批評，不是希望政府不知天高地厚，試圖與大國爭取平起平坐，而是應學習新加坡官員，凡事「做好自己的工作」，也就是講自己身分該講的話，做自己身分該做的事，不屈意奉承，不為他國而犧牲本國利益。

二○二一年三月，李顯龍接受英國廣播公司專訪，被問到「面對美中兩大應選哪一邊？」他毫不考慮地說：「新加坡同美中，在經濟和其他領域都有非常緊密和廣泛的聯繫，無法選邊。」記者接後又問：「當你試圖和這些經濟大國或政治大國打交道時，你有哪些核心考量？」李顯龍坦然直言：「首先，什麼符合新加坡的利益——這要經過理性的評估，再從我們自己的角度做出判斷。接著團結全民，說服他們：政府這麼做是正確的。總的來說，我們必須找到自己的前進道路，進而成為中美雙方的朋友。國家之間難免有意見分歧的時候，偶爾我們與中國有，偶爾與美國也有。這種情況發生時，你要明白這是國家之間難以避免的衝突。不過，這不意味我們就是對手，只是的確存在需要解決的問題，但同時之間我們仍然可以在其他領域繼續合作，這就是我們新加坡的生存之道。」他對英國這麼說，到了美國，依舊堅持此原則。由於講得情理兼顧，完全站在新加坡的立場，因而即使違背美國反中的大原則，拜登聽了一句話也駁不回去，心底還得暗暗欽服。

一個了解自己身分，做好自己工作的人，敵人都會尊重你。否則，不管如何乖巧、聽話，主子的內心都會鄙視你！

（三）認清戰爭的面目

許多臺灣人有錯誤的認知，以為戰爭是職業軍人的事。對一場侵略戰爭，由於在別的國家進行，或許如此；然而對一場防衛戰爭，因為在自家院子進行，以致和每一個人息息相關，不管軍人、政府官員，或小老百姓，戰爭來臨時無可避免地必須思考三個嚴肅且複雜的問題：

1.安全

你與家人要不要出國避戰？撇開個人能力問題，首先你應了解，一旦戰爭來臨，政府很可能宣布戒嚴，出國必須獲得政府核准。縱然政府同意，接著還要煩惱買得到機票嗎？

依統計資料顯示，外籍學生在台人數約十二萬，外僑近八十萬，外勞七十萬。如果兩岸局勢緊繃，眼見台海即將開戰，這些「外人」有多高比例會搶著離開臺灣？戰火無情、槍炮無眼，只要能走，誰願意陷在戰區？可以想見，一場大呼小叫、熙熙攘攘的逃難畫面會出現在各機場與港口。屆時就算有錢，買得到機票或船票嗎？如果買得到，會花多高的代價？

除此以外，臺灣不像烏克蘭，擁有綿長的陸界與友好國家相鄰，民眾開車、坐火車，甚至徒步都可以遠離戰場。台海一旦爆發戰爭，海空都可能遭到中共封鎖，「天塹」頓時變成「天甕」，任你插翅也難逃。也因此，不管是自願或被迫，大部分臺灣人都必須，也只能留在臺灣。這時就必須絞盡腦汁思考：躲到哪裡比較安全？

同樣在臺灣，山區比海邊安全，市郊比市區安全，而最危險的地點必定是軍事基地附近。如果不巧住處鄰近軍港或軍用機場，你應考慮投靠住在安全地區的親戚。即使沒有親戚可以投靠，能不能在戰爭發起之前，帶著家人與帳篷，躲到杳無人跡的山區？而不管你躲到哪裡，都要考慮斷水、斷電、斷糧的可能，所以每個家庭都會儲備大量民用物資，賣場搶購的混亂場面勢將是我們今生僅見。即便政府強力出手，維持得了社會秩序嗎？

近幾年美國多次爆發種族衝突，暴民衝進賣場打、砸、搶的畫面令人印象深刻。美國人不夠民主嗎？美國警察的執行力不夠權威嗎？如果種族歧視在美國，都會引發難以控制的暴動；戰爭將臨的臺灣，又會給社會帶來什麼動亂？而這些動亂，不管上不上戰場，全都會對民眾的安全造成重大影響。

2. 財產

如果手頭有現金，要不要轉買黃金或美金？股票要全數脫手嗎？是否該把房子與土地一道賣了？縱然想買或想賣，請問能以合理的價格交易嗎？

3. 統獨

可能你能力不及，「安全」與「財產」只好置之不理，然而統獨所挑起的動亂，只要身在臺灣就無法逃避。

別以為你對統獨沒有意見，那是因為它沒有影響到你的實質生活。畢竟統獨和一般小市民的生活關係不大。好比護照該不該改名？駐外辦事處取什麼名字？軍售向美國買多少武器？甚至進口美豬，你也可以選擇吃雞、吃鴨、吃魚。所以不滿歸不滿，由於和自身利害關係不大，人民多半能夠忍受。但假如北京採取武統，頓時之間有多少事情嚴重影響到你我的生活與心情？

好比說，你花了十倍的價格為女兒買了機票，接著要四處張羅她出國期間的生活費。到賣場採購，不是貨架上空無一物，就是貴得令人咋舌。想換點美金、黃金，銀行停止交易，黑市貴得離譜……。總而言之，以往平淡寧靜的小日子，突然間來了個一百八十度的轉變，每天都讓你輾轉難眠，一起床就要面對各種難以解決的問題。處在這種高度壓力、諸事不順的環境，每個人都會喪失原本的耐性，這時衝突會放大，人與人之間的爭執勢必增加。

六、一國兩制

一九八〇年鄧小平提出一國兩制，之後歷經漫長的四十年，內容從不曾大幅度修訂。本來這是解決兩岸問題的一個可能，但在民進黨極度扭曲，媒體一面倒的抹黑之下，如今已成為臺灣的禁忌。本書在最後一章的最後一節，試圖以理智的態度討論這個話題。

（一）北京承諾的內容

1.具體內容

(1)臺灣是政治實體，與殖民地香港不同，一國兩制的內容也不相同。

(2)統一後的臺灣為特別行政區，享有高度自治權：

A.北京不干預臺灣地方事務，不派官員駐台，不僅軍隊不去，行政人員也不去（台人治台）。

B.現行社會、經濟制度不變，生活方式不變，與外國的經濟、文化關係不變。

C.司法獨立，終審權在臺北，不必到北京（什麼是犯法，要科什麼刑，臺北說了算，北京不能也無法干預）。

D.幣制不變，不必上繳稅收，若遇財政困難，中央還會酌情補助（四十年前許諾這條件，似乎在講大話，如今呢）。

E.擁有自己的軍隊，但不得以中共為假想敵，也不可支助與中國敵對的國家（基本上軍事獨立）。

F.黨、政、軍等系統不僅由臺灣自己來管，北京中央政府還要給臺灣人留出名額（政治獨立）。

2. 實質影響

(1)外交方面：

A.不再遭受北京打壓，也無須力拚金錢外交。

B.駐外辦事處勢必因「無政治打壓」而增加，與國際互動更緊密，不管哪個層級的領導人出訪，全球通行無阻。

(2)國防方面：少了強敵，國人的安全感勢必增加。

(3)政治方面：台人治台，中國的黨、政、軍都和臺灣無關。

(4)經濟方面：幣制獨立，維持現有對外經貿關係，不僅無須上繳稅收，反而可以要求中央補助。

3. 臺灣不是香港

香港是殖民地，從來不存在國家體制。當年回歸，香港人民無法表達意見，也沒有拒絕的權力。五十年不變的一國兩制，是北京恢宏大度的恩賜。

臺灣是中華民國，遷台七十餘年都是實質獨立國家。如果臺灣接受一國兩制，是臺北放棄自己的主權，送給北京的面子。

同樣是一國兩制，香港和臺灣的狀況剛好相反：香港的一國兩制，香港要懂得惜福；臺灣的一國兩制，北京要懂得感恩。

（二）站穩談判起點，力爭上游

想要透過「非戰爭」手段解決兩岸問題，最可能的方式是談判。談判時雙方有各自的「立足點」或「起點」，以及絕不退讓的「底線」或「終點」。

兩岸如果坐上談判桌，臺灣的談判起點，是四十年前北京就開始許諾，而且延續至今的一國兩制。然而請注意，這是臺灣談判的起點，不是必須接受的終點。也就是，臺北勢必以「一國兩制」為基礎，向上爭取更多、更好的條件。換言之，對臺北而言，談判的結果只可能優於一國兩制。

至於臺北應向上爭取的條件，至少包含：

1.沒有五十年的時間限制。
2.只放棄國號，其餘全然照舊。
3.北京提供技術與金援，具體協助臺灣防衛。
4.兩岸共組邦聯制，重新協商國名、國旗、國歌；甚至納入香港、新疆，一勞永逸地解決中國分離問題。

（三）確保臺灣的自主性

許多人擔心一國兩制是瓦解臺灣心防的開始，一旦臺北接受，國軍在和平的氣氛下必疏於建軍與訓練。接下來，北京可能不守承諾，逐步限縮臺灣的自主權，終有一天臺灣會成為今天的香港。

對於這疑惑，我必須坦承「不無可能」。縱觀歷來中共談判前、後的言行，特別是承諾香港五十年不變的一國兩制，確實讓人憂心北京的誠信度。不過，和平從來就不是寄望別人的善意，那必須靠自身的實力爭取。決定是和或戰的因素，隨著超限戰理論的崛起而變化多端，然而追本溯源之道仍然在軍隊。

軍隊是「打」的本錢。沒有本錢，哪來「談」的空間？

面對北京的威脅，臺灣想要確保和平與自主的關鍵在軍隊。沒有獨立的軍隊，統一以後的下場必然如香港。反之，只要能擁有獨立的軍隊，縱然接受統一，臺灣也必定有別於香港。

未來兩岸如果坐上談判桌，臺灣想要保有自主性，談判時首須堅持的是軍隊獨立。北京能夠接受這個條件嗎？試看一國兩制與軍隊有關的內容不外以下三項：一、北京不派解放軍駐台；二、臺灣擁有自己的軍隊，但不得以中共為假想敵，也不可支助與中國敵對的國家；三、臺灣管理自己的軍隊。

縱觀這三個條件，在不違反一國兩制的原則下，臺灣擁有以下權力：

1. 對中國以外國家的「宣戰權」與「啟戰權」。
2. 對所有戰爭的「拒戰權」。
3. 對參與戰爭的「終戰權」。
4. 軍隊的管理、建置、規模，全然操之於臺灣。

至於什麼是「不可支助與中國敵對的國家」，談判時要詳細定義「支助」與「敵對」的內涵。不過，由於這條件約束的對象是軍隊，因而不管如何界定，對前述四權都沒有影響。而只要能確保這四權，締約後即便北京背信毀約，最糟糕的兩岸關係不就是退回今日？

一個國家的主權屬於誰，通常只能通過戰爭判定：開戰權在誰，主權就在誰。也因此，只要擁有自己的軍隊，能夠自主地決定開戰、啟戰、拒戰、終戰，臺灣就能保有一定的獨立性，也永遠不會成為今天的香港。假如北京認為這個要求太過，請考量以下因素：

1. 這有違背一國兩制的內容嗎？或是過去四十年，所有談過這話題的中共領導人，思慮都不夠周密？果真如此，什麼才是周密的一國兩制？或是每隔一段時間，北京都會審時度勢，新增一條更周密的規定？

2. 臺灣的民主不是北京的施捨，臺灣人民已經習慣了自由的生活。民主與自由是普世價值，不在為難哪一個政權。

3. 「一國兩軍」固然前所未有，然而兩岸之間的對峙不也是前所未有？若非得要「以前有」、「現在才可以有」，所有創新發明都不應容許存在。非常的狀況就要用非常的手段，也唯有非常的手段才可以顯現非常的氣度，這可能是兩岸避戰的關鍵所在。

4.若想要避免「一國兩軍」的尷尬，國軍可改稱「自衛隊」。這就如同「中華民國」降格成「臺灣省」，就一國兩制「保證五十年不變」的本質來看，不也是改變「稱呼」不改變「體質」？

尾語
思想的轉變

滿清末年，中國飽受西方船堅炮利之苦，有識之士深知救亡圖存之道是推動「洋務運動」。洋務運動又稱自強運動，基本信念是「師夷長技以制夷」，具體作法為「中學為體，西學為用」，也就是以中國傳統的思想、文化、制度為根基，引進並應用西方先進的科學和技術，購買西式軍用裝備，推動機器量化生產，使能達成國家自強、人民富足的目的。

如今看起來非常淺顯、直白的道理，當年卻遭到重重阻力。別說是保守的士大夫，即使貴為駐外使節，見識過西方的文明與科技，也難以扭轉心中的舊思想。

例如滿清首任「駐英副使」劉錫鴻，當他瞧見西方的鐵路，見識到鐵路的便捷性，卻認為「聖朝綏奠樂土，使人皆莫肯輕去其鄉」（大清王朝是人間樂土，使得人民都不願意離開故鄉遠行）。也因此，他肯定：中國遊客少，造鐵路必虧本，勢不可行。有人說富國強兵之道是提倡商業，他則反駁「中國立教尚義不尚利，而夷狄之道則是尚利」（重商的西方人，多半是追逐利益的小人，我們是「講禮重義」的堂堂大中華）。更荒唐的是，當他參觀泰晤士報館，目睹印刷機器「風馳電掣，為時僅及瞬息，新聞紙之堆案者已累累然，一點鐘而七萬份皆就」（速度真是快啊，只花了很短的時間，架上就落滿了印好的報紙，一個小時居然就印好了七萬份）。

瞧見這壯觀的印刷場面，劉錫鴻認為這不如用中國舊式手工印刷方法來得好。為什麼中國的手工印刷方法好呢？他算了一筆賬，拿「數字」支持他的觀點：每份報紙有四個版，七萬份報紙共二十八萬版；以每個工人每點鐘印刷一百版來計算，此印刷工作計需二千八百個工人。泰晤士報館七萬份報紙的報費，計洋銀四千餘圓，此足以養活二千八百個工人，以及每一個工人的八口之家，因而「是二萬數千人之生命託於此矣，何為必用機器，以奪此數萬人之口食哉？」（兩萬多人的生活寄託在這個人工印刷的工作，為何要使用機器，奪去這兩萬多人的生計？）

今天看到劉錫鴻的說詞，你以為如何？這還是滿清首任駐英副使，見識過西方文明社會與科技力量的高官，假如連他都有這種錯誤的認知，你能想像其他一輩子背誦四書五經，拿起毛筆就寫八股文章，終生不曾跨出中國一步，堅信滿清是天朝上國的士大夫，他們又將如何看待洋務運動？

難怪洋務運動虎頭蛇尾，最終以失敗草草收場。如今讀到這段歷史，難免讓我好奇歷史上所有重大改革，不管其方向多麼正確、需求多麼殷切，為何總會碰上重重阻力？

今天，希望藉由這段不太久遠的歷史，期勉兩岸的知識分子，特別是「以國家興亡為己任」的愛國知識分子，思想方面能夠拋棄舊包袱，以嶄新的視野宏觀兩岸關係。

臺灣為什麼要獨立？不就是臺灣人希望過「當家作主」的日子？未來不管透過什麼手段，如果臺灣成功獨立，中國也接受既成事實，臺北從此就能自由自在，完全不受北京的羈束？中國與臺灣僅一水之隔，又是擁有十四億人口的龐大市場，臺灣經濟高度依賴中國是難以擺脫的現實。如果經濟無法獨立，政治如何獨立？這就如同兒女天天高喊要過獨立自主的生活，可是每隔幾天就伸手向父母要錢，這種生活能獨立到哪兒呢？其實這個世界，只有極少數國家能夠過「當家作主」的日子，與其暴虎馮河的對撞，不如因利乘便的周旋，畢竟雙贏的「共好」才應是兩岸共同追尋的目標。

反過來看，美、加、澳、紐早年都是大英帝國的殖民地，爭取獨立的過程中都與宗主國發生過大小不一的征伐，如今卻能緊密地團結在一起成為眾所矚目的「五眼聯盟」，對國際重大事務總是一個鼻孔出氣。假如當年北美殖民地的英國人，都無私無我地效忠大英帝國，今天還有美利堅合眾國與加拿大嗎？誰說國家一定要統一？誰說中國人一定要愛中國？遑論現今「中國」的本質根本是「中共」。

世間每一個問題都有它的關礙所在。解決問題必須針對關礙，對症下藥。國家統治的目標在長治久安，人民生活的目標在安全、富裕、自由，而這兩大目標的關礙都在「和平」。

兩岸何需一戰？不要再對小老百姓灌輸八股的舊思想，身處地球村的時代，統一又如何？獨立又如何？這兩面大纛在「和平」兩個字的面前，不過是神壇上的祭品。也因此，處理兩岸問題的關礙在和平：

假如北京能以和平的手段完成統一，我們應該支持。

假如臺北能以和平的手段走向獨立，我們也應該支持。

撇開和平，不管什麼理由掀起台海戰爭，從人類大歷史的角度看，不都是禍國殃民的民族敗類？

歷史與現場 327

終極和戰：兩岸戰爭與和平，統獨最短的距離

作　者—黃征輝
圖表提供—黃征輝
主　編—謝翠鈺
企　劃—鄭家謙
封面設計—兒日設計
美術編輯—趙小芳

董 事 長—趙政岷
出 版 者—時報文化出版企業股份有限公司
108019台北市和平西路三段二四〇號七樓
發行專線—(〇二)二三〇六六八四二
讀者服務專線—〇八〇〇二三一七〇五
(〇二)二三〇四七一〇三
讀者服務傳真—(〇二)二三〇四六八五八
郵撥—一九三四四七二四時報文化出版公司
信箱—一〇八九九　台北華江橋郵局第九九信箱
時報悅讀網—http://www.readingtimes.com.tw
法律顧問—理律法律事務所　陳長文律師、李念祖律師
印　刷—勁達印刷有限公司
一版一刷—二〇二二年九月二十三日
定　價—新台幣三八〇元
(缺頁或破損的書，請寄回更換)

時報文化出版公司成立於一九七五年，
並於一九九九年股票上櫃公開發行，於二〇〇八年脫離中時集團非屬旺中，
以「尊重智慧與創意的文化事業」為信念。

終極和戰 : 兩岸戰爭與和平 , 統獨最短的距離 / 黃征輝作 . --
一版 . -- 臺北市 : 時報文化 , 2022.09
面 ;　公分 . --(歷史與現場 ; 327)

ISBN 978-626-335-929-1(平裝)

1.CST: 兩岸關係 2.CST: 統獨問題

573.09　　111014329

ISBN 978-626-335-929-1
Printed in Taiwan